Stefan Korn / Monika Philipp

Auf Gottes Spuren

Stefan Korn
Monika Philipp

AUF GOTTES SPUREN

Neue Materialien zur Gestaltung der Taufe

Patmos Verlag Düsseldorf

Textnachweis

S. 67: Rolf Krenzer, Ich trage einen Namen ..., © beim Autor

S. 76: Wilma Klevinghaus, Noch ehe deine Füße ... (Taufsegen), aus: Martin Schmeisser (Hrsg.), Gesegneter Weg. Segenstexte und Segensgesten, Verlag am Eschbach, Eschbach / Markgräflerland 1997, 2/2000

Die Deutsche Bibliothek – CIP Einheitsaufnahme

Korn, Stefan:
Auf Gottes Spuren : neue Materialien zur Gestaltung der Taufe / Stefan Korn ; Monika Philipp. – Düsseldorf : Patmos-Verl., 2000
ISBN 3-491-76434-3

Umschlaggestaltung: Volker Butenschön, mit einem Bildmotiv von Peter Wirtz
Schriftsatz und Reproduktion: Kontrapunkt Satzstudio Bautzen
Druck und Verarbeitung: Grafo S. A., E-Basauri
ISBN 3-491-76434-3

Inhalt

Vorwort 7

Der Geburtsbrief: Den Weg zum Taufgespräch ebnen 9

Das 4-Phasen-Modell:
Anregungen zur Gestaltung des Taufgespräches 13

Gruppierte Taufsprüche mit Übersetzungsvarianten 21

Auf der Seite von Eltern und Kindern:
Zum Profil der Taufgottesdienste 29

„Unter dem Schirm Gottes leben“ –
Taufgottesdienst mit Kindergartenkindern 33

„Schritte mit unseren Füßen wagen“ –
Taufgottesdienst für Kinder 39

„Vom Fisch verschluckt und ausgespuckt“ –
Taufgottesdienst für Kinder 47

„Im Schiff, das sich Gemeinde nennt“ –
Taufgottesdienst für Kinder 54

Taufansprache für Eltern bei einer Säuglingstaufe 61

Taufansprache für Eltern und Jugendliche
zu einer Konfirmandentaufe 64

Altersgerechte Tauf- und Glaubensbekenntnisse 67

Taufurkunden 73

Ein Brief an den Taufpaten 77

Ein Brief an das Patenkind und seine Eltern 81

Kirchliche Lebensbegleitung nach der Taufe: 83
1. Ein Tauferinnerungsgottesdienst nach einem Jahr 83
„Weißt du, wieviel Sternlein stehen“ 84

2. Eine Eltern-Kind-Gruppe für ein- bis dreijährige Kinder 90

3. Eine Kinder-Gruppe für Grundschulkinder 96

Geschenkideen als Sprachhilfen für Eltern und Paten 105

Anhang: Lieder für Taufgottesdienste 122

Vorwort

Dieses Buch ist gedacht für alle Kolleginnen und Kollegen, die wie wir oft Taufen durchzuführen haben, sowie für alle, die im weitesten Sinne in der kirchlichen Lebensbegleitung und Eltern-Kind-Arbeit tätig sind. Wir haben uns bemüht, die gesamte Bandbreite des Arbeitsfeldes Taufe in den Blick zu nehmen. Dabei will dieses Arbeitsbuch nicht bei den theoretischen Überlegungen und theologischen Begründungen stehenbleiben, sondern dem Nutzer auch direkt verwendbare Materialien zur Verfügung stellen, die für die Gestaltung von Taufen jeder Art von großem Nutzen sind. Diese Materialien reichen von Briefen (Geburtsbrief/Patenbrief/Brief an das Patenkind) und Anregungen (zum Taufgespräch / zu Eltern-Kind-Gruppen/zu Geschenkideen)bis hin zu ausgeführten Modellen (von Taufgottesdiensten/Taufansprachen/Tauferinnerungsgottesdiensten) und Vorlagen (Taufsprüche/Taufbekenntnisse/Taufurkunden/Bilder/ Lieder). Wichtig erscheint uns, bei allen angesprochenen Arbeitsfeldern zur Gestaltung von Taufen eine glaubwürdige Sprache zu finden: eine Sprache, die menschennah, jedoch nicht beliebig ist, sondern den Glauben wieder neu durchbuchstabiert. Auch die inhaltliche Gestaltung der Taufe muß konsequent am Verstehenshorizont der betroffenen Menschen ausgerichtet sein. Nur so, nur durch eine menschenfreundliche Gestaltung der Taufe in allen Facetten, kann und wird es geschehen, daß junge Eltern und Kinder wieder neu „auf Gottes Spuren" kommen.
Allen Freunden, kirchlichen Mitarbeitern und Mitarbeiterinnen, Pfarrern und Pfarrerinnen, insbesondere den Kollegen in der Kirchengemeinde Hochdahl, möchten wir für ihre Impulse herzlich danken. So manche ihrer Anregungen und Ermutigungen haben wir gern in dieses Buch mit aufgenommen.
Ein Wort sei noch zur Sprachregelung des Bandes gesagt: Wo es der angenehme Lese- und Sprachfluß zuließ, haben wir die inklusive Sprachform, also die jeweilige gleichzeitige Nennung der weiblichen und männlichen Form, als die angemessene erachtet. Oft genug aber wurden die Sätze dadurch sehr holprig, der Sprachfluß gewollt und unnatürlich. Hier haben wir dann aus stilistischen Gründen darauf verzichtet – die leichtere Lesbarkeit hatte für uns hier Priorität. Wohl wissend, daß überall da, wo nur eine Form verwendet wird (z.B. der Pfarrer) immer die weibliche Form entsprechend mitgemeint ist – wie wir ja auch in der Praxis nicht mehr auf die gute Zusammenarbeit beider Geschlechter verzichten möchten ...

Stefan Korn und Monika Philipp

Der Geburtsbrief: Den Weg zum Taufgespräch ebnen

Wenn Eltern ihr Kind taufen lassen wollen, ist zunächst einmal deren eigene Initiative gefragt. Auf die gerade heute in besonderer Weise sich stellende Situation, daß in vielen Familien weder auf eine besondere religiöse Sozialisation noch auf kirchliche Ansprechpartner im Freundes- und weiteren Bekanntenkreis zurückgegriffen werden kann, soll im folgenden nicht näher eingegangen werden. Ein solcher Neuansatz zur Taufe, der insbesondere die psychologischen und soziologischen geänderten Verhältnisse (etwa einer häufig anzutreffenden Situation „Single mit Kind, wenig soziale Einbindung, keine kirchliche Anbindung, wohnhaft in einer Großstadt") berücksichtigte, würde eine eigene Publikation notwendig machen. Bei unserem Materialband gehen wir jedoch von der ebenfalls noch existierenden Situation einer „normalen" Vater-Mutter-Kind(er)-Familie mit einer sporadisch gewordenen, aber trotzdem verbliebenen kirchlichen Bindung aus.
Am Anfang ist also die *eigene* Initiative der Eltern gefragt. Im besten, wünschenswertesten Falle ist der Pfarrer den Eltern eine vertraute Person, die sie direkt anzusprechen wagen. Das kann der Fall sein, wenn bereits anderweitige Lebensbegleitungen wie Trauung oder Taufe in dem engeren Familienkreis stattfanden und der Pfarrer in guter Erinnerung geblieben ist. Die Familie fragt bei diesem Pfarrer gerne wieder an.
Es kann auch sein, daß ein Pfarrer über einen evangelischen Kindergarten vor Ort einen wertvollen Kontakt zu Eltern bekommt, weil er den Kindergarten regelmäßig besucht oder ein eigenes Kind dort angemeldet hat. Wächst ein Vertrauen und eine gewisse Sympathie zum Pfarrer, kostet es Eltern noch nicht getaufter Kinder wenig Mühe, ihren Taufwunsch direkt zu äußern.
In der Regel müssen Eltern – zumindest in größeren Kirchengemeinden mit eigenem Gemeindeamt – zum Hörer greifen und oft mehrere Telefonate führen, bis sie schließlich mit dem zuständigen Pfarrer ein Taufgespräch vereinbaren können. Ist dies den Eltern zumutbar? Die allerwenigsten Eltern empfinden es aber als Belastung oder zeigen sich im Vorfeld verärgert, wenn sie mehrere Stationen anwählen müssen, um ihr Anliegen vorbringen zu können. In dem Fall, daß die Eltern den Pfarrer noch nicht persönlich kennen, ist es sogar von Vorteil, wenn Eltern zunächst bei der Verwaltung als eine in ihren Augen „neutrale Behörde" unverbindlich nachfragen können, was sie im Falle einer Taufe berücksichtigen müssen. Die Schwellenangst gegenüber einem direkten Erstkontakt mit

einem/einer unbekannten Pfarrer/in sollte nicht unterschätzt werden. Erhalten Eltern bei der Verwaltung eine freundliche Hilfestellung für die nächsten Schritte, die sie zu tun haben, entwickelt sich Vertrauen und Sicherheit auf seiten der Eltern.

Egal nun, ob Eltern einen Pfarrer persönlich kennen oder nicht, ob sie ihn direkt ansprechen oder per Telefon sich durchfragen; die Grundstruktur der Vorgehensweise ist immer die gleiche: *Ihre* Initiative ist gefragt. Aus dem Blickwinkel der Kirche bedeutet das: Sie nimmt die Haltung der *„Komm-Struktur"* ein. Eltern sind es, die den ersten Schritt auf die Kirche hin vollziehen müssen, wenn sie die „Dienstleistung" ihrer Kirche in Anspruch nehmen wollen. Wie kann diese Situation verändert werden?

Viele Eltern, zumal wenn sie ihr erstes Kind bekommen, befinden sich in einer fundamentalen Veränderung ihrer bisherigen Lebenssituation. Sie sind nicht mehr Kinder ihrer eigenen Eltern, sondern nunmehr selbst zu Eltern von Kindern geworden. Eltern, die die Geburt ihres Kindes erleben, umschreiben ihre Empfindungen nicht zufällig mit durchaus religiösen Vokabeln; sie sprechen von „Geschenk", „Gabe", „Geheimnis des Lebens", „Wunder", oder sprechen, wie *Reinhard Mey,* von einem „hellen Ursprung aller Dinge", von dem her ein Kind kommt, sogar von der „Schöpfungsstunde".

Viele Fragen brechen angesichts einer Geburt auf: die Frage nach dem Sinn des Lebens; die Frage nach der eigenen Hoffnung der Eltern; die Frage nach dem letzten Grund ihrer Liebe, die sie bereit sind, ihrem Kind zu schenken; die Frage nach ihrem Vertrauen in das Leben trotz aller Widrigkeiten und Enttäuschungen. Die Eltern befinden sich in einer tiefgreifenden emotionalen und organisatorischen Veränderung, sie öffnen sich in einem unbekannten Maße der religiösen Dimension.

Diese Öffnung aber wird zur Chance: In dieser Phase sollte die Kirche sie nicht alleine lassen und abwarten, bis die Eltern sich wegen eines Taufwunsches melden. Die Kirche kann aus ihrer „Komm-Struktur" eine *„Geh-Struktur"* machen und eine unterstützende Begleitung anbieten.

Wie kann das funktionieren?

Der Aufwand einer solchen Umstrukturierung ist minimal, die Idee einfach, die Auswirkung hoffnungsvoll. Die Verwaltung registriert alle Geburten innerhalb der Kirchengemeinde und verschickt einen *„Brief zur Geburt"* an die betreffenden Eltern. Die Kirche geht damit den ersten Schritt auf die Eltern zu, erkennt und anerkennt deren Situation und kann zugleich die Frage nach einer möglichen Taufe ansprechen. Eltern nehmen wahr, daß ihre Kirche sie begleitet, indem sie Anteil nimmt an einer entscheidenden Veränderung in ihrem Leben. Mit solch einem Brief wird

den Eltern Mut gemacht, Vertrauen zu den Eltern aufgebaut und Schwellenängste abgebaut. Sie merken, daß sie in der Kirche willkommen sind.
Wie könnte nun solch ein „Brief zur Geburt" *inhaltlich* aussehen?
Beide Elternteile werden angesprochen und beglückwünscht – bei konfessionsverschiedenen Eltern ebenfalls nicht nur der evangelische Elternteil!
Der jeweilige Bezirkspfarrer unterschreibt den Brief. Wichtig ist, daß die Telefonnummer des betreffenden Pfarrers vermerkt ist. Positiv kommt an, wenn der Brief ansprechend formuliert ist und einladend wirkt. Sätze wie *„Wenn ich ein kleines Kind vor mir sehe, dann empfinde ich viele gute Wünsche für dieses Kind ... "* sollten aber besser vermieden werden, da es sich um die persönlichen und subjektiven Gefühle des/der Pfarrers/in handelt. Auch zu pauschale Vereinnahmungen der Eltern sollten unterlassen werden, die in den folgenden Sätzen erkennbar werden: *„Ganz sicher haben Sie sich vorgenommen, für Ihr Kind alles zu tun, was Ihnen möglich ist ... Manchmal müssen wir aber erfahren, daß unsere Kraft nicht ausreicht, ... Und sicher wünschen Sie sich auch Hilfe und Unterstützung bei der verantwortungsvollen Aufgabe, die Schritte Ihres Kindes ins Leben zu begleiten."*
Deutlich darf dagegen gesagt werden, um was es uns als Kirche geht; aber der Brief sollte weder ins Predigthafte verfallen noch zur vorweggenommenen Taufansprache oder als „missionarische Gelegenheit" mißbraucht werden. Die Eltern möchten sicher nicht zur Taufe gedrängt werden, aber freuen sich vielleicht über eine freundlich, menschlich und warmherzig formulierte Einladung. Auch wirkt es wohltuend, wenn eine solche Einladung zur Taufe eingebettet ist in eine Vorstellung auch anderer angebotener Aktivitäten der Gemeinde (siehe Beispiel-Brief).

Absender
Kirchenlogo!

Sehr geehrte Frau . . . .
Sehr geehrter Herr . . . .

Zur Geburt Ihres Kindes

NAME DES KINDES

möchten wir Ihnen im Namen der Evangelischen Kirchengemeinde . . . . ganz herzlich gratulieren.
Wir hoffen, daß die Geburt gut verlief und sich Ihr Kind in seiner neuen Umgebung schon etwas eingelebt hat. Sie sind zum ersten Mal (oder erneut) Vater und Mutter eines Kindes geworden, und das bedeutet, sich wieder verstärkt auf einen Menschen einzustellen, der noch ganz Ihrer Hilfe, Ihrer Zuwendung, Ihrer Zeit, Ihrer Liebe bedarf. Dies ist eine anstrengende, aber auch beglückende Zeit. Momente, wie das nächtliche Aufstehen oder das Zurückstellen eigener Bedürfnisse, sind anstrengend; Ihr Kind im Arm zu halten, es heranwachsen zu sehen und teilzuhaben am Geheimnis des Lebens, das sind Momente tiefen Glückes.
Gerne möchte ich Sie darauf hinweisen, daß unsere Kirchengemeinde verschiedene Angebote für Eltern mit Kindern unterhält, die Sie in Anspruch nehmen können. Die Angebote sind auf dem beigelegten Informationsblatt aufgeführt. Wenn Sie Interesse haben, setzen Sie sich einfach mit den dort angegebenen zuständigen Personen in Verbindung. Sie sind herzlich willkommen!
Vielleicht haben Sie schon überlegt, Ihr Kind taufen zu lassen. Eine solche Entscheidung fällt oft nicht leicht, denn sie hat sowohl mit der Tradition als auch mit dem Glauben der Eltern zu tun.
Wir als evangelische Kirchengemeinde in . . . . möchten Ihnen unsere Hilfe und Begleitung auf dem Weg zur Taufe anbieten. Weil uns die Taufe als ein Zeichen des Glaubens wichtig ist, wollen wir auch jeden Täufling wichtig nehmen.
Gerne komme ich zu einem persönlichen Gespräch zu Ihnen ins Haus, um mit Ihnen die Taufentscheidung zu klären oder auch die Gestaltung des Taufgottesdienstes zu besprechen. Rufen Sie mich dann bitte an.

Mit freundlichen Grüßen

(Pfarrer/in . . . .) Tel.: . . . .

Das 4-Phasen-Modell: Anregungen zur Gestaltung des Taufgespräches

Das Taufgespräch besteht aus vier Phasen. Wie gleich noch deutlich wird, ist es sinnvoll, nach der Reihenfolge vorzugehen, wie sie hier beschrieben wird. Dennoch braucht die Reihenfolge nicht sklavisch gehandhabt zu werden, denn jedes Gespräch entwickelt seine Eigendynamik, auf die der Pfarrer eingehen sollte. Seine Aufgabe ist dabei, angemessen und situationsgerecht die Phasen ins Gespräch zu bringen.

1. DER SEELSORGERLICHE TEIL

Für die meisten Eltern ist das Taufgespräch der erste direkte, persönliche Kontakt zu einer Person der Amtskirche nach längerer Zeit. Daher haben viele Eltern eher gemischte Gefühle, wenn „der/die Pfarrer/in" ins Haus zum Taufgespräch kommt.
Der Pfarrer eröffnet daher das Gespräch zum Beispiel mit der Frage nach der Geburt oder nach anderen Kindern; gegebenenfalls knüpft er Kontakt zu den Geschwistern, schaut sich ihr Spielzeug an oder läßt sich Lieblingsdinge der Kinder zeigen. Solch ein Anfang entkrampft das Gespräch. Die Eltern müssen nicht gleich über ihr Taufverständnis, Glaube und Gott reden, was vielen schwerfällt.
Den Beginn des Taufgespräches so zu wählen, hat nicht nur diesen Grund. Das Taufgespräch bewußt auf der anthropologisch-erfahrungsorientierten Ebene zu beginnen, will den Eltern erst einmal Raum dafür geben, von ihrer neuen oder erneuten Rolle als Vater und Mutter erzählen zu können. Gerade Schwangerschaft, Geburt und beginnende Erziehung bringen eine Reihe neuer Eindrücke, tiefgreifender Emotionen und komplexe Veränderungen mit sich, die mitgeteilt werden wollen.
Einfühlsam darauf zu sprechen zu kommen, erfordert eine gewisse Erfahrung und Fingerspitzengefühl. Die Eltern dürfen sich nicht unter Erzähldruck fühlen. Die aufmerksame Anteilnahme ist ein seelsorgerliches Tun. Eine entspannte Atmosphäre und das Sich-aussprechen-können am Anfang schafft eine Offenheit bei den Eltern für den weiteren Verlauf des Gespräches.
Das Thema des ersten Teiles ist zusammengefaßt „die Situation der Eltern".

Beispiel aus einem Taufgespräch:
Ich besuche abends Familie M. Sie hat ein zwei Monate altes Kind. Ich werde vom Vater empfangen und ins Wohnzimmer gebeten. Wir setzen uns hin. Er bietet mir etwas zu trinken an, was ich bejahe. Während er in die Küche geht, kommt Frau M. Sie hat ihr Baby auf dem Arm. „Guten Abend, Herr K., Sie müssen entschuldigen. Ich habe Lisa eben erst gestillt und wollte sie ins Bett legen. Aber irgendwie scheint sie nicht einschlafen zu wollen." P: „ Ach, das macht nichts. Auf dem Arm der Mutter ist es für Lisa doch schöner." Ich schaue Lisa an. „Das also ist die neue Erdenbürgerin. Wie alt ist denn Lisa?" Frau M: „Lisa ist jetzt ziemlich genau zwei Monate alt." P: „Dafür hat sie aber schon ziemlich viele Haare!" Frau M: „Das haben schon ganz viele gesagt. Ich glaube, das hat sie von ihrem Vater! Wir haben uns gestern noch ein Foto von meinem Mann angeschaut, als er ein Baby war. Und er hatte auch so viele Haare auf dem Kopf!" Herr M. kommt und stellt die Gläser auf den Tisch. Ich ergreife ein Glas. P: „Na, dann will ich doch mal auf die Geburt von Lisa anstoßen! Nach zwei Monaten kann man ja noch gratulieren." Die Eltern lachen, und wir stoßen an. „Ist das eigentlich Ihr erstes Kind?" Herr M witzelnd: „Ja. Wenn ich gewußt hätte, wie wenig Schlaf ich bekommen würde, hätte ich mir das noch mal überlegt." P: „Das ist schon eine ziemliche Umstellung, wenn man ein Kind bekommt." Frau M: „Lisa schläft noch total unregelmäßig. Heute früh ist sie um fünf Uhr wach geworden. Sie hatte es schon mal bis sieben Uhr geschafft durchzuhalten." P: „Bis so ein kleiner Mensch sich eingewöhnt hat in seine neue Welt, braucht es wohl einige Zeit." Frau M: „Na klar. Die Zeit soll sie auch haben. Wir sind ja froh, daß unser Spatz jetzt da ist." ...

2. DER KIRCHENRECHTLICHE TEIL

Die Dauer der ersten Phase ist sehr unterschiedlich, es gibt keine „Richtwerte"; es sollte aber nicht überstrapaziert und der Eindruck erweckt werden, daß der/die Pfarrer/in sich bei den Eltern anbiedert. Er/Sie sollte zum richtigen Zeitpunkt den nächsten Impuls setzen. Die Eltern werden jetzt also an das eigentliche Anliegen, die Taufe, herangeführt, bewußt aber erst auf einer mehr formalen Ebene, die etwas Unverfängliches hat und eben dadurch eine Brückenfunktion bekommt: Behutsam werden die Eltern auf den Weg zur eigenen Beschäftigung mit der Taufe geführt.
In dieser Phase kann über die Kirchenmitgliedschaft informiert werden, die mit der Taufe begründet wird. Bei der Eintragung der Taufpaten/Taufpatinnen wird meistens direkt nachgefragt, ob auch jemand Taufpate/Taufpatin werden könne, auch wenn die betreffende Person keiner christlichen Konfession angehöre. Den meisten Eltern ist es auch nicht bekannt, daß an einem anderen Ort wohnende Taufpaten/Taufpatinnen eine Patenbescheinigung benötigen.
Jetzt können auch schon erste Absprachen und Klärungen geschehen. Mit den Eltern kann über die Aufgabe der Paten gesprochen werden. Wird von der christlichen Funktion der Patenschaft erzählt, schlägt der Pfarrer eine Brücke in den theologischen Teil hinein.

Auch die auf dem Formular gestellte Frage nach dem Taufspruch ermöglicht den Beginn eines theologischen Gespräches. Es empfiehlt sich aber, über den Taufspruch erst dann zu reden, wenn das Formular soweit ausgefüllt ist und beiseite gelegt werden kann. Den Eltern wird mit entsprechenden Erläuterungen eine Auswahl von Taufsprüchen an die Hand gegeben (s. Ausführungen S. 21 ff.).
Thema dieses Teiles ist im wesentlichen „die Kirchenordnung“.

Beispiel aus einem Taufgespräch:

Nachdem ich mich mit Frau und Herrn K. etwas über ihr zweijähriges Kind unterhalten habe, setze ich einen neuen Impuls: „Sie möchten, daß Lukas getauft wird. Für die Taufe müssen Sie ein Taufformular ausfüllen. Dieses Formular dient auch zu Ihrem Schutz. Die Daten werden in die Kirchenbücher eingetragen. So kann nach der Taufe jederzeit nachgewiesen werden, daß Lukas in dieser Gemeinde getauft wurde.“ Ich überreiche den Eltern ein Taufformular. „Schauen Sie sich das Formular in Ruhe durch. Wenn Sie Fragen haben, sagen Sie es bitte.“ Ich lasse die Eltern das Blatt ausfüllen.
Frau K: „Ach so. Ich habe da mal eine Frage. Meine Freundin soll Taufpatin werden. Sie ist aber aus der Kirche ausgetreten. Kann sie dann trotzdem Patin werden?“ …
Frau K: „Hier steht: Taufspruch. Also, wir haben noch keinen für Lukas. Gibt es bestimmte Sprüche, die man nehmen kann?“ P: „Ja. Der Taufspruch ist ein Satz aus der Bibel, der Lukas auf seinem Lebensweg begleiten soll. Ich habe Ihnen einige Sprüche zusammengestellt, die Sie sich gleich anschauen können.“ Ich überfliege das Formular. „Gut, soweit ist alles ausgefüllt. Dann lege ich das jetzt beiseite und gebe Ihnen die Taufsprüche.“ …

3. DER THEOLOGISCHE TEIL

In diesem Teil wird über die Bedeutung der Taufe mit den Eltern gesprochen. Ein gewisses „Vorwissen“ mag bei manchen Eltern vorhanden sein. Dies hängt von der eigenen christlichen Sozialisation, dem Grad der Kirchenverbundenheit und der eigenen Glaubensgeschichte ab. Immer häufiger aber wird ein wachsendes Unwissen über die Bedeutung der Taufe wie über das Taufgeschehen feststellbar sein und damit einhergehend eine große Unsicherheit auf seiten der Eltern, wenn sie gefragt werden, was die Taufe ihres Kindes denn für sie selbst wie für das Kind bedeute.
Der Pfarrer hat hingegen ein breites Wissen über die theologische Bedeutung der Taufe, hat sich mit den verschiedenen christlichen Taufverständnissen intensiv auseinandergesetzt und sich seine eigene theologische Überzeugung gebildet. Leider lassen sich das einige Pfarrer/innen auch anmerken. Deshalb ist es ratsam, seine eigene innere Voreinstellung zu überprüfen. Viele sind mit einem ablehnenden Vorurteil behaftet, wenn es darum geht, die Taufmotivation der Eltern abzuklären. Ein solches Vorurteil lautet z.B.: „Die wollen ja doch nur eine schöne Feier!“

Andere Pfarrer sind enttäuscht, wenn sie meinen, im Taufwunsch der Eltern nur den Wunsch nach einer magischen, quasi „geistlichen Lebensversicherung“ zu spüren. Wer so denkt, hat noch nicht gemerkt, daß oft auch hinter manchmal eigentümlichen Taufmotiven eine existentielle Frage steht. Es gilt, die von den Eltern vorgebrachten Taufmotive in ihrer eigentlichen Tiefe zu deuten. Die Sehnsucht z. B. nach einem „höheren Schutz“ für das Kind kann oberflächlich gesehen als ein magisch-plattes Taufverständnis abgetan werden. Besser ist es, wenn auch eine solche Einstellung der Eltern ernstgenommen und erkannt wird, daß hinter dem Wunsch nach „Schutz“ die Frage nach einer echten, lebensumgreifenden Hoffnung steht (s. die Ausführungen im Teil „Geburtsbrief“, S. 12)!
In der Taufansprache ist später der Platz, um auf diese Frage einzugehen. Ein wirkliches Verständnis der Taufe kann bei Eltern besonders gut erreicht werden, wenn die Taufpraxis der frühen Christenheit anschaulich erzählt wird. Auf diese Weise wird den Eltern oft erstmalig (oder erneut) unsere heutige Praxis verständlich und nachvollziehbar. Eltern können die Taufe ihres Kindes nun viel bewußter mitvollziehen. Die einzelnen liturgischen Elemente füllen sich für sie neu mit Sinn. In diesem Gesprächsabschnitt kann auch gut auf die Möglichkeit eines Taufaufschubes hingewiesen werden. Es kann gemeinsam über das Für und Wider gesprochen und eine verantwortliche Entscheidung mit den Eltern gefunden werden.
Thema dieses Teiles ist also „die Bedeutung der Taufe“.

Beispiel aus einem Taufgespräch:

Mit Familie H. habe ich das Taufformular ausgefüllt. Die Eltern wollen sich später noch einmal alle Taufsprüche auf der Liste anschauen und mir telefonisch Bescheid geben, für welchen sie sich für ihre 3 Monate alte Ina entschieden haben. Ich setze einen neuen Impuls: „Sie lassen Ina taufen. Was bedeutet Ihnen diese Taufe?“ Frau H: „Ja, also, die Taufe gehört für mich einfach zum Leben dazu. Ohne Taufe, da würde der Ina etwas fehlen. Das ist für mich so eine Art Schutz.“ P: „Meinen Sie, daß eine schützende Hand über ihrem Kind sein soll?“ Frau H: „Ja, genau. Ich glaube schon, daß es so etwas wie Gott gibt, eine höhere Macht, die uns bestimmt. Ich denke mir das wie eine Art Käseglocke, die mit der Taufe über mein Kind kommt.“ …
P: „Früher, bei den ersten Christen, da gab es eine klare Reihenfolge, wenn jemand getauft werden wollte. Sie müssen sich das so vorstellen, daß es noch nicht sehr viele Christen gab. Und dann hörte z.B. ein römischer Soldat etwas über den christlichen Glauben und merkte, daß das etwas mit seinem Leben zu tun hatte. Er will zu dieser christlichen Gemeinde gehören. Der Übertritt zum Christentum wurde durch die Taufe dokumentiert. Zuvor sollte er aber wissen, was die Christen denn genau glauben. Er nahm an einem Unterricht teil, wo die Inhalte des Glaubens besprochen wurden. Man lernte z.B. auch das Glaubensbekenntnis.Und erst dann wurde der Mann getauft. Früher wurden die Täuflinge nackt getauft und ganz untergetaucht. Das Untertauchen des

ganzen Körpers drückte aus: Da wird etwas abgewaschen; das Alte geht fort. Der Mann wird untergetaucht und kommt wie ein neuer, ganz reingewaschener Mensch wieder heraus. Alle seine Schuld vor Gott ist abgewaschen. Er bekam weiße Kleider umgehängt, eine Taufkerze wurde entzündet; und dann durfte der Getaufte zum erstenmal am Abendmahlsgottesdienst teilnehmen." Im weiteren Gesprächsverlauf ziehe ich die Bezüge zur heutigen Praxis heran (stellvertretendes Glaubensbekenntnis; stellvertretende Tauffragen an Eltern und Paten; Patenamt; Begießen mit Wasser; Taufkerze; Taufkleid; nachgeholter Taufunterricht; Konfirmation; Zulassung zum Abendmahl).

4. DER LITURGISCHE TEIL

Das Formelle ist geklärt, die Taufe inhaltlich bedacht. Es schließt sich die Frage nach dem Vollzug der Taufe an.
Die Eltern wünschen sich in der Regel eine feierliche Taufe. Es soll nichts „schiefgehen" an diesem Fest, da ja meistens auch noch die Geburt mitgefeiert wird (ein Umstand, den man gewähren lassen sollte, denn welche Institution feiert außer der Kirche denn eigentlich angemessen die Geburt eines Kindes in unserer Gesellschaft?!). Das öffentliche Zeremoniell soll fehlerfrei gelingen, weil es Einmaligkeitscharakter trägt. Häufig wird gefragt, ob fotografiert werden kann, oder was zu tun ist, wenn das Baby zu schreien anfängt, oder ob das Kind eine bestimmte Kleidung zum Tauftag tragen muß.
Auch der Pfarrer hat Erwartungen und Wünsche, die er vorbringen darf. Es kann besprochen werden, ob einzelne liturgische Stücke von Kindern, Eltern oder Paten übernommen werden möchten. Eine Mitbeteiligung steht nicht nur im Zeichen des allgemeinen Priestertums aller Glaubenden. Das Einbeziehen der Taufgesellschaft läßt die allgemeine Tauffeier zu einer persönlichen werden und bleibt zudem allen Beteiligten länger im Gedächtnis haften. Zum Beispiel kann (nach Absprache) an ältere Kinder, die getauft werden sollen, die Tauffrage gestellt werden (s. Beispiel); sie können das Taufwasser in das Taufbecken gießen (s. Beispiel) oder auch ein kleines Gebet selber sprechen (s. Beispiel). Die Geschwisterkinder können die Taufkerze anzünden und dabei an ihre eigene Taufe erinnert werden. Paten oder Eltern können den Taufbefehl oder den Taufspruch vorlesen.
Der Brauch, eine Taufkerze zu überreichen, erfreut sich seit einigen Jahren immer größerer Beliebtheit. Die Eltern oder Paten könnten für den Täufling die Taufkerze individuell gestalten. Auf ihr kann aus Wachsplättchen das Taufdatum, der Name und der Taufspruch stehen. Gerne werden Symbole hinzugenommen wie etwa Regenbogen, Fisch, Wassertropfen, Kreuz oder Sonne.

Die Paten können für den Täufling einen guten Wunsch äußern (s. Beispiel). Gemeinsam mit Eltern und Paten kann am Ende ein Fürbittengebet gesprochen werden, bei dem reihum jeder/jede spontan einen (!) Satz spricht. Einleitung und Schluß werden von dem Pfarrer gesprochen.
Thema dieses Teiles ist „der Taufgottesdienst".

Beispiel aus einem Taufgespräch:

Mit Familie Sch. habe ich über die Taufe ihres einjährigen Sohnes Felix gesprochen. Als überleitenden Impuls sage ich: „Haben Sie denn einen besonderen Wunsch für den Taufgottesdienst?" Herr Sch: „Wie ist das mit dem Fotografieren? Mein Arbeitskollege ist Hobbyfotograf und würde gerne ein paar Bilder machen." P: „Wenn eine ausgesuchte Person ohne Blitz fotografiert und dies von einem bestimmten Platz aus geschieht, dann ist es möglich. Gut wäre es, wenn Sie diese Bedingungen auch noch einmal Ihrem Arbeitskollegen sagen würden. Wichtig ist mir, daß Sie und die anderen bei der Taufe nicht abgelenkt werden. Das wäre schade. Die Taufe Ihres Kindes erleben Sie nur einmal mit." Frau Sch: „Wir müssen uns das sowieso noch einmal überlegen. Es muß auch nicht unbedingt sein." P: „Was ich Ihnen anbieten kann, ist, daß wir nach dem Gottesdienst noch einmal die ganze Taufe nachstellen können. Wir stellen uns noch einmal um das Taufbecken. Sie können in Ruhe aussuchen, welche Personen auf die einzelnen Bilder draufkommen sollen." ...

Die Grundstruktur des Taufgespräches ist auf dieser und den folgenden Seiten tabellarisch aufgeführt und um einige Stichworte ergänzt. Die Tabelle verdeutlicht noch einmal, welche kommunikativen Prozesse dabei sowohl beim Pfarrer als auch bei den Eltern ablaufen.

Der seelsorgerliche Teil (Teil 1)
Thema: Die Situation der Eltern

PFARRER/IN	ELTERN
– Begrüßung – Vorstellung	– Vorstellung – Wahl des Raumes
Gesprächseröffnung „Wie alt ist denn Ihr Kind?"	Möglichkeit zur Darstellung der Geburtsgeschichte bzw. der momentanen Situation (breite Entfaltungsmöglichkeit)
Gesprächshaltung – zuhören – wahrnehmen – öffnende Fragen stellen – von den eigenen Kindern erzählen	**Gesprächsmöglichkeit** – Ereignisse erzählen – Emotionen Raum geben
	Innere Beteiligung – hoch (Erzählkompetenz vorhanden) – starkes Bedürfnis nach Mitteilung

Der kirchenrechtliche Teil (Teil 2)
Thema: Die Kirchenordnung

PFARRER/IN	ELTERN
Gesprächsimpuls „Für die Taufe müssen Sie ein Formular ausfüllen." – Formular aushändigen	**Reaktionen** Vertrautheit und/oder Befürchtungen (z.B. Pate ist aus der Kirche ausgetreten, oder gewisse Daten sind unbekannt) – Formular ausfüllen
Gesprächshaltung – informieren über Patenamt und Patenbescheinigung – Möglichkeiten anbieten und abklären – Taufsprüche aushändigen	– Fragen stellen – Taufsprüche durchlesen und ggf. schon einen auswählen
Gesprächshaltung – Aufbau der Taufsprüche erklären – Möglichkeiten anbieten	
Innere Beteiligung Vertreter/in der Amtskirche	

Der theologische Teil (Teil 3)
Thema: Die Bedeutung der Taufe

PFARRER/IN	ELTERN
Gesprächsimpuls „Was bedeutet Ihnen die Taufe?"	**Reaktionen** – Verlegenheit (es ist peinlich, über Glaubensdinge zu sprechen) und/oder – Befürchtungen (die eigene Einstellung wird be-/verurteilt) und/oder – Betroffenheit (Sehnsucht nach religiösem Ritus angesichts der Geburt)
Innere Beteiligung – hoch (Der Pfarrer ist Experte, hat seine eigene theologische Überzeugung)	**Innere Beteiligung** je nach Reaktion – gering (Zurückhaltung) oder – hoch (Aufgeschlossenheit/Wichtigkeit der Taufe)

Reaktionen
– ernstnehmen oder
– innere Ablehnung
 	
Gesprächshaltung
– Ansicht der Eltern wahrnehmen
– bei Sprachnot der Eltern stellvertretend Worte finden
– von der Taufpraxis der frühen Christenheit erzählen
– die wesentlichen Aspekte der Taufe erläutern
– Konsens mit den Eltern finden
	Gesprächsmöglichkeit
	– das eigene Taufverständnis darlegen häufige Interpretationen:
	  – quasi-magischer Schutzritus („Das Kind braucht irgendeine höhere Macht.“)
	  – Ritus der Konformität („Mein Kind soll am Religionsunterricht teilnehmen und nicht zum Außenseiter werden.“)
	  – Wegbereitung in den Raum der Kirche („Mein Kind soll die christliche Religion kennenlernen.“)
	– sich an die eigene Taufe erinnern
	– positive und negative Erfahrungen mit der Kirche

Der liturgische Teil (Teil 4)
Thema: Der Taufgottesdienst

PFARRER/IN	ELTERN
Gesprächsimpuls „Haben Sie einen besonderen Wunsch für den Taufgottesdienst?“	**Reaktionen** – Erwartungen und/oder – Befürchtungen
	Innere Beteiligung – hoch (großes Interesse an der Tauffeier)
Gesprächshaltung – den Wünschen entgegenkommen – die Wünsche ablehnen – Ablauf des Taufritus erklären – die eigenen Ideen und Vorstellungen einbringen – ermuntern zum Übernehmen von Aufgaben (delegieren) – Verabredungen treffen – Verabschiedung	**Gesprächsmöglichkeit** – eigene Wünsche vortragen („Dürfen wir fotografieren?“) – Fragen stellen („Was ist, wenn mein Kind im Gottesdienst schreit?“) – Aufgaben übernehmen – Aufgaben zurückweisen
	Reaktionen – Erleichterung und/oder – Enttäuschung

Gruppierte Taufsprüche mit Übersetzungsvarianten

Die angeführten Taufsprüche sind zum einen nach *Schriftengruppen* gegliedert. Die Blätter können kopiert und den Eltern zur Durchsicht gegeben werden. Eine kurze Einführung zu den einzelnen Schriftengruppen bietet sich dabei an. Die Eltern erhalten dabei einen Überblick über die literarische Vielfalt der Bibel (und das könnte ein hilfreicher Impuls für sie werden, ein – erneutes – Interesse an der Bibel zu finden ...).
Die Taufsprüche sind zum anderen in *zwei variierenden Übersetzungen* angeführt, in einer modernen Übersetzung (Die Gute Nachricht. Altes und Neues Testament. Revidierte Fassung 1997 der „Bibel im heutigen Deutsch", Stuttgart: Deutsche Bibelgesellschaft, durchgesehener Nachdruck 1998 = GN) und in der gebräuchlichen Luther-Übersetzung (Die Bibel. Nach der Übersetzung Martin Luthers. Revidierte Fassung von 1984, Stuttgart. Deutsche Bibelgesellschaft 1985 = LB).

Die Eltern bekommen damit ein Instrumentarium an die Hand, das ihnen hilft, den Aussagegehalt eines Verses besser zu erfassen; denn das ist das Ziel: Die Eltern *verstehen*, was sie für ihr Kind auswählen. Nur so können sie auch – im Rahmen ihrer christlichen Erziehung – ihrem Kind eines Tages den Vers erklären.
Im günstigsten Fall wird schon im Verlauf des Taufgespräches ein Taufspruch gefunden, über den noch gesprochen werden könnte. Die Eltern sollten jedoch nicht dazu gedrängt werden, im Taufgespräch schon eine Entscheidung zu treffen. Wenn die Eltern noch einige Zeit zum Überlegen benötigen, kann ihnen gesagt werden, daß sie den dann ausgesuchten Taufspruch – zum Beispiel telefonisch – sehr gut auch noch „nachreichen" können. Entscheidend ist, daß sich die Eltern *selbständig* mit den Taufsprüchen beschäftigen, sie bedenken und dadurch *bewußter* auswählen.
Wenn die Eltern schließlich einen eigenen Taufspruch gefunden haben, können sie selbst entscheiden, ob sie die traditionelle Luther-Übersetzung der moderneren vorziehen. Am häufigsten werden übrigens von Eltern Taufsprüche ausgewählt, die entweder der Kategorie *„Begleitung"/ „Schutz"* zugeordnet werden können, oder der Kategorie *„ethische Lebensorientierung"*.

AUS DEN POETISCHEN BÜCHERN DES ALTEN TESTAMENTS

Psalm 4,9
„Ich liege und schlafe ganz mit Frieden; denn allein du, Herr, hilfst mir, daß ich sicher wohne." (LB)
„Mich quält keine Sorge, wenn ich mich niederlege, ganz ruhig schlafe ich ein; denn du, Herr, hältst die Gegner von mir fern und läßt mich in Sicherheit leben." (GN)

Psalm 13,6
„Mein Herz freut sich, daß du so gerne hilfst. Ich will dem Herrn singen, daß er so wohl an mir tut." (LB)
„Ich juble über deine Hilfe. Mit meinem Lied will ich dir danken, Herr, weil du so gut zu mir gewesen bist." (GN)

Psalm 16,11
„Du tust mir kund den Weg zum Leben: Vor dir ist Freude die Fülle und Wonne zu deiner Rechten ewiglich." (LB)
„Du führst mich den Weg zum Leben. In deiner Nähe finde ich ungetrübte Freude; aus deiner Hand kommt mir ewiges Glück." (GN)

Psalm 18,2–3
„Herzlich lieb habe ich dich, Herr, meine Stärke! Herr, mein Fels, meine Burg, mein Erretter; mein Gott, mein Hort, auf den ich traue, mein Schild und Berg meines Heiles und mein Schutz!" (LB)
„Ich liebe dich, Herr, denn durch dich bin ich stark! Du mein Fels, meine Burg, mein Retter, du mein Gott, meine sichere Zuflucht, mein Beschützer, mein starker Helfer, meine Festung auf steiler Höhe!" (GN)

Psalm 23,1
„Der Herr ist mein Hirte, mir wird nichts mangeln." (LB)
„Der Herr ist mein Hirt; darum leide ich keine Not." (GN)

Psalm 27,1
„Der Herr ist mein Licht und mein Heil; vor wem sollte ich mich fürchten? Der Herr ist meines Lebens Kraft; vor wem sollte mir grauen." (LB)
„Der Herr ist mein Licht, er befreit mich und hilft mir; darum habe ich keine Angst. Bei ihm bin ich sicher wie in einer Burg; darum zittere ich vor niemand." (GN)

Psalm 27,14
„Sei getrost und unverzagt und harre des Herrn!" (LB)
„Sei stark und fasse Mut, vertrau auf den Herrn!" (GN)

Psalm 31,16
„Meine Zeit steht in deinen Händen." (LB)
„Was aus mir wird, liegt in deiner Hand." (GN)

Psalm 32,10
„Wer auf den Herrn hofft, den wird die Güte umfangen." (LB)
„Wer dem Herrn vertraut, wird seine Güte erfahren." (GN)

Psalm 33,4
„Das Wort des Herrn ist wahrhaftig, und was er zusagt, das hält er gewiß." (LB)
„Was der Herr sagt, ist zuverlässig, er beweist es durch seine Taten." (GN)

Psalm 36,6
„Herr, deine Güte reicht, so weit der Himmel ist, und deine Wahrheit, so weit die Wolken gehen." (LB)
„Herr, deine Güte reicht bis an den Himmel und deine Treue, so weit die Wolken ziehen!" (GN)

Psalm 36,10
„Bei dir ist die Quelle des Lebens, und in deinem Lichte sehen wir das Licht." (LB)
„Du selbst bist die Quelle, die uns Leben schenkt. Deine Liebe ist die Sonne, von der wir leben." (GN)

Psalm 37,5
„Befiehl dem Herrn deine Wege und hoffe auf ihn, er wird's wohl machen." (LB)
„Überlaß dem Herrn die Führung für dein Leben; vertrau doch auf ihn, er macht es richtig." (GN)

Psalm 46,2
„Gott ist unsre Zuversicht und Stärke, eine Hilfe in den großen Nöten, die uns getroffen haben." (LB)
„Gott ist unsere sichere Zuflucht, ein bewährter Helfer in aller Not." (GN)

Psalm 50,15
„Rufe mich an in der Not, so will ich dich erretten, und du sollst mich preisen." (LB)
„Bist du in Not, so rufe mich zu Hilfe! Ich werde dir helfen, und du wirst mich preisen." (GN)

Psalm 51,12
„Schaffe in mir, Gott, ein reines Herz, und gib mir einen neuen, beständigen Geist." (LB)
„Gott, schaffe mich neu: Gib mir ein Herz, das dir völlig gehört, und einen Geist, der beständig zu dir hält." (GN)

Psalm 55,23
„Wirf dein Anliegen auf den Herrn; der wird dich versorgen und wird den Gerechten in Ewigkeit nicht wanken lassen." (LB)
„Wirf deine Last ab, übergib sie dem Herrn; er selber wird sich um dich kümmern! Niemals läßt er die im Stich, die ihm die Treue halten." (GN)

Psalm 67,2
„Gott sei uns gnädig und segne uns, er lasse uns sein Antlitz leuchten." (LB)
„Gott, wende uns deine Liebe zu und segne uns, blicke uns freundlich an." (GN)

Psalm 73,25
„Wenn ich nur dich habe, so frage ich nicht nach Himmel und Erde." (LB)
„Wer im Himmel könnte mir helfen, wenn nicht du? Was soll ich mir noch wünschen auf der Erde? Ich habe doch dich!" (GN)

Psalm 73,28
„Aber das ist meine Freude, daß ich mich zu Gott halte und meine Zuversicht setze auf Gott, den Herrn, daß ich verkündige all sein Tun." (LB)
„Ich aber setze mein Vertrauen auf dich, meinen Herrn; dir nahe zu sein, ist mein ganzes Glück. Ich will weitersagen, was du getan hast." (GN)

Psalm 86,11
„Weise mir, Herr, deinen Weg, daß ich wandle in deiner Wahrheit; erhalte mein Herz bei dem einen, daß ich deinen Namen fürchte." (LB)
„Herr, zeige mir den richtigen Weg, damit ich in Treue zu dir mein Leben führe! Laß es meine einzige Sorge sein, dich zu ehren und dir zu gehorchen!" (GN)

Psalm 90,1–2
„Herr, du bist unsre Zuflucht für und für. Ehe denn die Berge wurden und die Erde und die Welt geschaffen wurden, bist du, Gott, von Ewigkeit zu Ewigkeit." (LB)
„Herr, seit Menschengedenken warst du unser Schutz. Du, Gott, warst schon, bevor die Berge geboren wurden und die Erde unter Wehen entstand, und du bleibst in alle Ewigkeit." (GN)

Psalm 91,1–2
„Wer unter dem Schirm des Höchsten sitzt und unter dem Schatten des Allmächtigen bleibt, der spricht zu dem Herrn: Meine Zuversicht und meine Burg, mein Gott, auf den ich hoffe." (LB)
„Wer unter dem Schutz des höchsten Gottes lebt und bleiben darf bei ihm, der alle Macht hat, der sagt zum Herrn: ‚Du bist meine Zuflucht, bei dir bin ich sicher wie in einer Burg. Mein Gott, ich vertraue dir!'" (GN)

Psalm 91,11–12
„Denn er hat seinen Engeln befohlen, daß sie dich behüten auf allen deinen Wegen, daß sie dich auf Händen tragen und du deinen Fuß nicht an einen Stein stoßest." (LB)

„Gott hat seinen Engeln befohlen, dich zu beschützen, wohin du auch gehst. Sie werden dich auf Händen tragen, damit du nicht über Steine stolperst." (GN)

Psalm 103,2
„Lobe den Herrn, meine Seele, und vergiß nicht, was er dir Gutes getan hat." (LB)
„Auf, mein Herz, preise den Herrn und vergiß nie, was er für mich getan hat." (GN)

Psalm 103,8
„Barmherzig und gnädig ist der Herr, geduldig und von großer Güte." (LB)
„Der Herr ist voll Liebe und Erbarmen, voll Geduld und unendlicher Güte." (GN)

Psalm 118,14
„Der Herr ist meine Macht und mein Psalm und ist mein Heil." (LB)
„Vom Herrn kommt meine Kraft, ihm singe ich mein Lied, denn er hat mich gerettet." (GN)

Psalm 119,105
„Dein Wort ist meines Fußes Leuchte und ein Licht auf meinem Wege." (LB)
„Dein Wort ist eine Leuchte für mein Leben, es gibt mir Licht für jeden nächsten Schritt." (GN)

Psalm 121,2
„Meine Hilfe kommt von dem Herrn, der Himmel und Erde gemacht hat." (LB)
„Meine Hilfe kommt vom Herrn, der Himmel und Erde gemacht hat!" (GN)

Psalm 139,5
„Von allen Seiten umgibst du mich und hältst deine Hand über mir." (LB)
„Von allen Seiten umgibst du mich, ich bin ganz in deiner Hand." (GN)

Sprüche 1,7
„Die Furcht des Herrn ist der Anfang der Erkenntnis." (LB)
„Den Herrn ernst nehmen ist der Anfang aller Erkenntnis." (GN)

Sprüche 5,21
„Denn eines jeden Wege liegen offen vor dem Herrn, und er hat acht auf aller Menschen Gänge." (LB)
„Bedenke: Der Herr sieht alles, was du tust, und prüft alle deine Wege." (GN)

Sprüche 7,2
„Behalte meine Gebote, so wirst du leben, und hüte meine Weisung wie deinen Augapfel." (LB)
„Wenn du leben willst, dann gib auf meine Anweisungen acht wie auf dein eigenes Auge." (GN)

Sprüche 16,9
„Des Menschen Herz erdenkt sich seinen Weg; aber der Herr allein lenkt seinen Schritt." (LB)
„Das Menschenherz macht Pläne – ob sie ausgeführt werden, liegt bei Gott." (GN)

AUS DEN GESCHICHTSBÜCHERN DES ALTEN TESTAMENTS

2. Mose 33,19
„Wem ich gnädig bin, dem bin ich gnädig, und wessen ich mich erbarme, dessen erbarme ich mich." (LB)
„Es liegt in meiner freien Entscheidung, wem ich meine Gnade erweise; es ist allein meine Sache, wem ich mein Erbarmen schenke." (GN)

5. Mose 6,4–5
„Der Herr ist unser Gott, der Herr allein. Du sollst den Herrn, deinen Gott, liebhaben von ganzem Herzen, von ganzer Seele und mit all deiner Kraft." (LB)
„Der Herr ist unser Gott, der Herr und sonst keiner. Darum liebt ihn von ganzem Herzen, mit ganzem Willen und mit aller Kraft." (GN)

Josua 1,5b
„Ich will dich nicht verlassen noch von dir weichen." (LB)
„Niemals werde ich dir meine Hilfe entziehen, nie dich im Stich lassen." (GN)

Josua 1,9
„Siehe, ich habe dir geboten, daß du getrost und unverzagt seist. Laß dir nicht grauen und entsetze dich nicht; denn der Herr, dein Gott, ist mit dir in allem, was du tun wirst." (LB)
„Ich sage dir: Sei mutig und entschlossen! Hab keine Angst, und laß dich durch nichts erschrecken; denn ich, der Herr, dein Gott, bin mit dir, wohin du auch gehst." (GN)

AUS DEN PROPHETENBÜCHERN DES ALTEN TESTAMENTS

Jesaja 40,31
„Die auf den Herrn harren, kriegen neue Kraft, daß sie auffahren mit Flügeln wie Adler, daß sie laufen und nicht matt werden, daß sie wandeln und nicht müde werden." (LB)
„Alle, die auf den Herrn vertrauen, bekommen immer wieder neue Kraft, es wachsen ihnen Flügel wie dem Adler. Sie gehen und werden nicht müde, sie laufen und brechen nicht zusammen." (GN)

Jesaja 41,10
„Fürchte dich nicht, ich bin mit dir; weiche nicht, denn ich bin dein Gott. Ich stärke dich, ich helfe dir auch, ich halte dich durch die rechte Hand meiner Gerechtigkeit." (LB)
„Fürchte dich nicht, ich stehe dir bei! Hab keine Angst, ich bin dein Gott! Ich mache dich stark, ich helfe dir, ich schütze dich mit meiner siegreichen Hand!" (GN)

Jesaja 43,1
„Fürchte dich nicht, denn ich habe dich erlöst; ich habe dich bei deinem Namen gerufen; du bist mein!" (LB)
„Fürchte dich nicht, ich habe dich befreit! Ich habe dich bei deinem Namen gerufen, du gehörst mir!" (GN)

Jesaja 49,16
„Siehe, in die Hände habe ich dich gezeichnet." (LB)
„Ich habe dich unauslöschlich in meine Hände eingezeichnet." (GN)

Jesaja 54,10
„Es sollen wohl Berge weichen und Hügel hinfallen, aber meine Gnade soll nicht von dir weichen, und der Bund meines Friedens soll nicht hinfallen, spricht der Herr, dein Erbarmer." (LB)
„Berge mögen von ihrer Stelle weichen und Hügel wanken, aber meine Liebe zu dir kann durch nichts erschüttert werden, und meine Friedenszusage wird niemals hinfällig. Das sage ich, der Herr, der dich liebt." (GN)

Jeremia 15,16
„Dein Wort ist meines Herzens Freude und Trost; denn ich bin ja nach deinem Namen genannt, Herr, Gott Zebaoth."(LB)
„Deine Worte haben mein Herz mit Glück und Freude erfüllt, denn ich bin doch dein Eigentum, Herr, du Gott der ganzen Welt!" (GN)

Jeremia 17,14
„Hilf du mir, so ist mir geholfen." (LB)
„Hilf mir, dann ist mir wirklich geholfen!" (GN)

Jeremia 29,11
„Denn ich weiß wohl, was ich für Gedanken über euch habe, spricht der Herr: Gedanken des Friedens und nicht des Leides, daß ich euch gebe das Ende, des ihr wartet." (LB)
„Denn mein Plan mit euch steht fest: Ich will euer Glück und nicht euer Unglück. Ich habe im Sinn, euch eine Zukunft zu

schenken, wie ihr sie erhofft. Das sage ich, der Herr.“ (GN)

Micha 6,8
„Es ist dir gesagt, Mensch, was gut ist und was der Herr von dir fordert, nämlich Gottes Wort halten und Liebe üben und demütig sein vor deinem Gott.“ (LB)
„Der Herr hat dich wissen lassen, Mensch, was gut ist und was er von dir erwartet: Halte dich an das Recht, sei menschlich zu deinen Mitmenschen, und lebe in steter Verbindung mit deinem Gott.“ (GN)

Amos 5,6
„Suchet den Herrn, so werdet ihr leben.“ (LB)
„Kommt zum Herrn, dann werdet ihr leben!“ (GN)

AUS DEN EVANGELIEN DES NEUEN TESTAMENTS

Markus 9,23
„Alle Dinge sind möglich dem, der da glaubt.“ (LB)
„Wer Gott vertraut, dem ist alles möglich.“ (GN)

Matthäus 5,8
„Selig sind, die reinen Herzens sind; denn sie werden Gott schauen.“ (LB)
„Freuen dürfen sich alle, die im Herzen rein sind – sie werden Gott sehen.“ (GN)

Matthäus 6,33
„Trachtet zuerst nach dem Reich Gottes und nach seiner Gerechtigkeit, so wird euch das alles zufallen.“ (LB)
„Sorgt euch zuerst darum, daß ihr euch seiner Herrschaft unterstellt und tut, was er verlangt, dann wird er euch schon mit all dem anderen versorgen.“ (GN)

Matthäus 7,7
„Bittet, so wird euch gegeben; suchet, so werdet ihr finden; klopft an, so wird euch aufgetan.“ (LB)
„Bittet, und ihr werdet bekommen! Sucht, und ihr werdet finden! Klopft an, und es wird euch geöffnet!“ (GN)

Lukas 1,46–47
„Meine Seele erhebt den Herrn, und mein Geist freut sich Gottes, meines Heilandes.“ (LB)
„Mein Herz preist den Herrn, alles in mir jubelt vor Freude über Gott, meinen Erretter!“ (GN)

Lukas 10,20
„Freut euch, daß eure Namen im Himmel geschrieben sind.“ (LB)
„Freut euch darüber, daß eure Namen bei Gott aufgeschrieben sind!“ (GN)

Johannes 8,12
„Ich bin das Licht der Welt. Wer mir nachfolgt, der wird nicht wandeln in der Finsternis, sondern wird das Licht des Lebens haben.“ (LB)
„Ich bin das Licht für die Welt. Wer mir folgt, tappt nicht mehr im Dunkeln, sondern hat das Licht und mit ihm das Leben.“ (GN)

Johannes 14,6
„Ich bin der Weg, die Wahrheit und das Leben; niemand kommt zum Vater denn durch mich.“ (LB)
„Ich bin der Weg, denn ich bin die Wahrheit und das Leben. Einen anderen Weg zum Vater gibt es nicht.“ (GN)

Johannes 15,16
„Nicht ihr habt mich erwählt, sondern ich habe euch erwählt und bestimmt, daß ihr hingeht und Frucht bringt und eure Frucht bleibt.“ (LB)
„Nicht ihr habt mich erwählt, sondern ich habe euch erwählt. Ich habe euch dazu bestimmt, reiche Frucht zu bringen, Frucht, die Bestand hat.“ (GN)

Johannes 16,33
„In der Welt habt ihr Angst; aber seid getrost, ich habe die Welt überwunden.“ (LB)
„In der Welt wird man euch hart zusetzen, aber verliert nicht den Mut: Ich habe die Welt besiegt.“ (GN)

AUS DER BRIEFLITERATUR DES NEUEN TESTAMENTS

Römer 12,12
„Seid fröhlich in Hoffnung, geduldig in Trübsal, beharrlich im Gebet." (LB)
„Seid fröhlich als Menschen der Hoffnung, bleibt standhaft in aller Bedrängnis, laßt nicht nach im Gebet." (GN)

Römer 12,21
„Laß dich nicht vom Bösen überwinden, sondern überwinde das Böse mit Gutem." (LB)
„Laß dich nicht vom Bösen besiegen, sondern überwinde es durch das Gute." (GN)

Römer 15,7
„Nehmt einander an, wie Christus euch angenommen hat zu Gottes Lob." (LB)
„Laßt einander gelten und nehmt euch gegenseitig an, so wie Christus euch angenommen hat. Das dient zum Ruhm und zur Ehre Gottes." (GN)

1. Korinther 3,11
„Einen andern Grund kann niemand legen als den, der gelegt ist, welcher ist Jesus Christus." (LB)
„Das Fundament ist gelegt: Jesus Christus. Niemand kann ein anderes legen." (GN)

2. Korinther 5,17
„Ist jemand in Christus, so ist er eine neue Kreatur; das Alte ist vergangen, siehe, Neues ist geworden." (LB)
„Wenn also ein Mensch zu Christus gehört, ist er schon ‚neue Schöpfung'. Was er früher war, ist vorbei; etwas ganz Neues hat begonnen." (GN)

Galater 2,20
„Ich lebe, doch nun nicht ich, sondern Christus lebt in mir." (LB)
„Darum lebe nun nicht mehr ich, sondern Christus lebt in mir." (GN)

Galater 6,2
„Einer trage des andern Last, so werdet ihr das Gesetz Christi erfüllen." (LB)
„Helft einander, eure Lasten zu tragen. So erfüllt ihr das Gesetz, das Christus uns gibt." (GN)

Epheser 4,15
„Laßt uns aber wahrhaftig sein in der Liebe und wachsen in allen Stücken zu dem hin, der das Haupt ist, Christus." (LB)
„Vielmehr stehen wir fest zu der Wahrheit, die Gott uns bekannt gemacht hat, und halten in Liebe zusammen." (GN)

Epheser 4,24
„Zieht den neuen Menschen an, der nach Gott geschaffen ist in wahrer Gerechtigkeit und Heiligkeit." (LB)
„Zieht den neuen Menschen an, den Gott nach seinem Bild geschaffen hat und der gerecht und heilig lebt aus der Wahrheit Gottes, an der nichts trügerisch ist." (GN)

Kolosser 2,3
„In Christus liegen verborgen alle Schätze der Weisheit und der Erkenntnis." (LB)
„In Christus sind alle Schätze der Weisheit und Erkenntnis verborgen." (GN)

1. Thessalonicher 5,16–18
„Seid allezeit fröhlich, betet ohne Unterlaß, seid dankbar in allen Dingen; denn das ist der Wille Gottes in Christus Jesus an euch." (LB)
„Freut euch immerzu! Laßt nicht nach im Beten! Dankt Gott in jeder Lebenslage! Das will Gott von euch als Menschen, die mit Jesus Christus verbunden sind." (GN)

2. Timotheus 1,7
„Gott hat uns nicht gegeben den Geist der Furcht, sondern der Kraft und der Liebe und der Besonnenheit." (LB)
„Denn Gott hat uns nicht einen Geist der Feigheit gegeben, sondern den Geist der Kraft und der Liebe und der Besonnenheit." (GN)

1. Petrus 3,15b
„Seid allezeit bereit zur Verantwortung vor jedermann, der von euch Rechenschaft fordert über die Hoffnung, die in euch ist.“ (LB)
„Seid immer bereit, Rede und Antwort zu stehen, wenn jemand fragt, warum ihr so von Hoffnung erfüllt seid.“ (GN)

1. Petrus 4,10
„Dient einander, ein jeder mit der Gabe, die er empfangen hat.“ (LB)
„Dient einander mit den Fähigkeiten, die Gott euch geschenkt hat – jeder und jede mit der eigenen, besonderen Gabe!“ (GN)

1. Petrus 5,7
„Alle eure Sorge werft auf ihn; denn er sorgt für euch.“ (LB)
„Alle eure Sorgen werft auf ihn, denn er sorgt für euch.“ (GN)

1. Johannes 3,1
„Seht, welch eine Liebe hat uns der Vater erwiesen, daß wir Gottes Kinder heißen sollen – und wir sind es auch!“ (LB)
„Seht doch, wie sehr uns der Vater geliebt hat! Seine Liebe ist so groß, daß er uns seine Kinder nennt. Und wir sind es wirklich: Gottes Kinder!“ (GN)

1. Johannes 3,18
„Meine Kinder, laßt uns nicht lieben mit Worten noch mit der Zunge, sondern mit der Tat und mit der Wahrheit.“ (LB)
„Meine lieben Kinder, unsere Liebe darf nicht nur aus schönen Worten bestehen. Sie muß sich in Taten zeigen, die der Wahrheit entsprechen: der Liebe, die Gott uns erwiesen hat.“ (GN)

1. Johannes 4,16
„Gott ist die Liebe; und wer in der Liebe bleibt, der bleibt in Gott und Gott in ihm.“ (LB)
„Gott ist Liebe. Wer in der Liebe lebt, lebt in Gott, und Gott lebt in ihm.“ (GN)

1. Johannes 4,19
„Laßt uns lieben, denn Gott hat uns zuerst geliebt.“ (LB)
„Wir lieben, weil Gott uns zuerst geliebt hat.“ (GN)

1. Johannes 5,4b
„Unser Glaube ist der Sieg, der die Welt überwunden hat.“ (LB)
„Der Sieg über die Welt ist schon errungen – unser Glaube ist dieser Sieg!“ (GN)

Hebräer 12,2
„Laßt uns aufsehen zu Jesus, dem Anfänger und Vollender des Glaubens.“ (LB)
„Wir wollen den Blick auf Jesus richten, der uns auf dem Weg vertrauenden Glaubens vorausgegangen ist und uns auch ans Ziel bringt.“ (GN)

Offenbarung 1,8
„Ich bin das A und das O, spricht Gott der Herr, der da ist und der da war und der da kommt, der Allmächtige.“ (LB)
„‚Ich bin der Erste und der Letzte – der ist und der war und der kommt, der Herrscher der ganzen Welt‘, sagt Gott, der Herr.“ (GN)

Auf der Seite von Eltern und Kindern: Zum Profil der Taufgottesdienste

Viele Taufen werden im regulären sonntäglichen Predigtgottesdienst vollzogen. Dies bedeutet, daß nicht nur die Taufgesellschaft anwesend ist, sondern auch die sogenannte Predigtgemeinde. Beide Gruppen treffen bei einem sonntäglichen „Gottesdienst mit Taufe“ aufeinander, haben dabei aber sehr auseinanderlaufende Bedürfnisse und Erwartungen: Die Predigtgemeinde kommt nicht in erster Linie wegen der Taufe, sondern um eine Predigt zu hören, die zu ihrer „Erbauung“ dienen soll. Die Taufgesellschaft feiert das Dasein eines neuen Menschen und kommt, weil der Familie das christliche Ritual der Taufe wichtig ist.
Ein entscheidender Schritt zur Lösung dieses Dilemmas ist, wenn in der Gemeinde feste Tauftermine etabliert werden (z.B. einmal im Monat), die der Gemeinde bekannt sein müssen. Alle wissen dann, daß an diesem betreffenden Sonntagmorgen „Taufgottesdienst“ ist.
Es gibt Gemeinden, die schon deswegen keine festen Tauftermine anbieten, weil sich für die jeweiligen Termine zu viele Taufen anhäufen würden. Bei mehr als fünf Taufen könnten zwei nacheinanderfolgende Taufgottesdienste angeboten (mit demselben Ablauf) und die Anzahl der Täuflinge auf die beiden gleichmäßig verteilt werden. Die Eltern würden entsprechend rechtzeitig über die Anfangszeit ihres Taufgottesdienstes informiert werden.
Eine andere Möglichkeit wäre, eine Mischung anzubieten: Bis zu fünf Kinder werden an dem festgelegten besonders gestalteten Taufgottesdienst getauft. Für die anderen ausstehenden Taufanfragen werden möglichst geeignete andere Gottesdienste angeboten. Das kann ein Kindergottesdienst sein, ein Krabbelgottesdienst, ein Familiengottesdienst, ein Kindergartengottesdienst (s. Beispiel) oder auch ein Schulgottesdienst. Manche Eltern haben aus verschiedenen Gründen von vornherein einen solch bestimmten Gottesdienst im Blick.
Die Taufgottesdienste an den festen Tauftermінen haben eine besondere inhaltliche Struktur. Die anthropologischen Bedingungen müssen erkannt, anerkannt und zugrunde gelegt werden, um überhaupt die biblische Aussage zur Taufe den Eltern und den Kindern verstehbar zu vermitteln.
Bei vielen Eltern, die eine Taufe wollen, handelt es sich um distanzierte, aber nicht eigentlich uninteressierte Kirchenmitglieder, die aufgrund einer lebensgeschichtlichen Situation einen Dienst der Kirche in Anspruch nehmen. Für die Arbeit mit diesen eher lose mit der Kirche in

Verbindung Stehenden muß ein Gottesdienst noch einmal ganz anders aussehen. Es geht im folgenden um die (zunehmende) Gruppe von Kindern und Eltern, die die christliche Religion durchaus noch wichtig finden, aber selbst sprachunfähig (geworden) sind und nicht wissen, welche christlichen Grundaussagen es gibt, und wie sie Glauben an ihre Kinder vermitteln können. Die christliche Tradition ist nach wie vor anziehend und bietet Menschen eine tragfähige Lebenshilfe. Und das christliche Ritual „Taufe“ gehört noch immer zu einem Brauch (wie viele andere, aber nicht so zentrale christliche Bräuche auch), die in unserer Gesellschaft praktiziert werden.

Die Mehrheit der Kirchenmitglieder hat aber nur noch in Ahnung, daß und wie die christliche Tradition eine hilfreiche Lebensorientierung bieten kann. Soll wirklich wie Luther meinte, „den Leuten aufs Maul“ geschaut werden, dann muß die inhaltliche Struktur des Taufgottesdienstes an eben dieser Ahnung anknüpfen, aber auch wirklich *dort* anknüpfen.

Nun ist es eigentlich nichts Neues, einen Gottesdienst auf eine bestimmte Zielgruppe hin auszurichten. Und gerade im Bereich Taufgottesdienst ertönt schon lange der Ruf, die Bedürfnisse der Kinder und Eltern „ernst zu nehmen“. In der Literatur findet man nun auch reichlich Beispiele und Konzepte für ansprechende Gottesdienste für Eltern mit Kindern. Und dennoch gehen die vorgestellten Taufgottesdienste einen Schritt weiter.

Obwohl schon seit den 60er Jahren von „Traditionsabbruch“ und „Glaubensverlust“ geredet und dies in den folgenden Jahrzehnten immer wieder in die Diskussion gebracht wurde, sind auch noch manch heutige Gottesdienste mit Kindern einfach zu lang, immer noch zu überladen mit Worten, nicht abwechslungsreich genug. Kinder und Eltern sind zum größten Teil nicht mehr gewohnt, längere Zeit still zu sitzen oder einer längeren Rede zuzuhören. Vielen sind auch die allerwesentlichsten biblischen Geschichten und Begriffe ganz ungeläufig.

Die in den folgenden Kapiteln vorgestellten Taufgottesdienste *(„Schritte mit unseren Füßen wagen“, S. 39ff.; „Vom Fisch verschluckt und ausgespuckt“, S. 47ff.; „Im Schiff, das sich Gemeinde nennt“, S. 54ff.; „Unter dem Schirm Gottes leben“, S. 33ff.)* versuchen, verstärkt dieser Tendenz entgegenzukommen. Sie sind nicht in erster Linie für die sogenannte Kerngemeinde konzipiert, denen biblische Grundaussagen, Gottesdienst und Liturgie vertraut sind. Die Taufgottesdienste nehmen die Lebenssituation der Eltern ernst und sind entsprechend der geistigen und religiösen Entwicklungsstufe der zu taufenden Kinder konzipiert.

Weil unser Gott ein menschenfreundlicher Gott ist, weil er selbst in seinem Sohn Mensch wurde und sich uns Menschen dadurch radikal zuwandte, ist es uns geboten, auch unsere Gottesdienste ganz auf den

einzelnen Menschen und die Gemeinde auszurichten. Es sind die persönlich gestalteten, mit Liebe vorbereiteten Gottesdienste für ganz konkrete Personen, die die entscheidenden Brücken zur Kirche schlagen werden.
Die individuell zugeschnittenen Handlungen werden in Zukunft die kirchlichen Handlungen sein, die dem Menschen in unserer Zeit wieder zum „Aha-Erlebnis" werden, weil sie selbst dort vorkommen. Die ansprechenden Lieder, die verständlichen (dabei aber sicher nicht beliebigen) Worte und Gesten werden Menschen in unserer Gesellschaft zur Erfahrung bringen: „Das geht *mich* etwas an", weil sie (wieder) verstehen, welche Lebenshilfe der christliche Glaube bietet.
Der Wert der Kirche entscheidet sich bei distanzierteren Taufeltern also nicht zuletzt an der Art der Amtshandlungen. Das legt den Gedanken nahe, daß derjenige, der den Taufgottesdienst durchführt, auch die einzelnen Taufgespräche führen sollte. Hier kann um der Sache willen die parochiale Struktur überwunden werden, die ansonsten dazu führt, daß die Taufgespräche von den zuständigen Bezirkspfarrern geführt werden, die unter Umständen den Taufgottesdienst gar nicht halten.
Etappenweise sollen die Eltern, Paten und Kinder in den Taufgottesdiensten *„Vom Fisch verschluckt und ausgespuckt"* (S. 47 ff.) und *„Im Schiff, das sich Gemeinde nennt"* (S. 54 ff.)an das jeweils dort favorisierte Taufverständnis herangeführt werden. Mehrere kürzere Redeeinheiten einzubauen, die Predigt also in mehrere Teile zu *„splitten"*, wird der Hörkapazität der Eltern, Paten und Kinder viel gerechter. Bei einer (einzigen) längeren Rede werden die Kinder schnell unruhig; die Eltern wenden sich verständlicherweise dann ihrem Kind zu und „klinken" sich aus der Predigt aus. Der Faden geht verloren und wird in den seltensten Fällen wiedergefunden.
Aber auch aus inhaltlichen Gründen empfiehlt sich ein solches Vorgehen. Für viele Eltern ist die Taufe die erste gottesdienstliche Handlung nach längerer Zeit. Das Nachvollziehen biblischer Aussagen und theologischer Gedankengänge fällt ihnen nicht immer leicht. Deshalb sollen sie Schritt für Schritt hineingenommen werden in das Geheimnis der Taufe. Beginnend mit einem eher allgemeinen Thema (Wale/Schiffe), das Interesse wecken soll, wird eine Brücke zur biblischen Geschichte geschlagen (Jona/Sturmstillung), die dann mit der Taufe verknüpft wird. Vom Allgemeinen geht es zum Besonderen.
In den beiden Taufansprachen (S. 61 ff. und S. 64 ff.) wird je ein „säkulares" Lied (Reinhard Mey: „Die erste Stunde"/Marius Müller-Westernhagen: „Jesus") auf die Taufe hin ausgedeutet. Wieder ist der Grund für dieses Vorgehen, die Hörerschaft bei *ihrem* Lebensgefühl abzuholen, das sich in den Liedern widerspiegelt, um dann dieses Lebensgefühl mit

einer Aussage des christlichen Glaubens *„miteinander zu versprechen"* (E. Lange). Die mit der biblischen Tradition wenig vertrauten Eltern/Jugendlichen merken auf diese Weise, daß der Glaube auch sie etwas angeht. Sie können erneut entdecken, daß der christliche Glaube eine Bedeutung für ihren Alltag hat; ihnen kann bewußt werden, daß Glaube in ihren alltäglichen Lebensvollzügen möglich ist. Sie können schließlich (wieder) zu dem Bekenntnis kommen, daß Christus auch *ihr Herr* sei (vgl. Martin Luther im Kleinen Katechismus).

„Unter dem Schirm Gottes leben“ – Taufgottesdienst mit Kindergartenkindern

Längst nicht mehr alle Eltern lassen ihre Kinder unmittelbar nach der Geburt taufen. Auch in vielen ev. Kindergärten gibt es einige Kinder, die noch nicht getauft sind. Als einmal zwei Elternpaare die Taufe ihrer jeweils beiden Kinder (zwischen 3 und 6 Jahren) wünschten, haben die Erzieherinnen und ich als Team beschlossen, einen Kindergartentaufgottesdienst vorzubereiten. Dabei war es uns wichtig, die Taufe so eng wie möglich mit dem Kindergarten zu verbinden. Das führte uns zu der Überlegung, den Taufgottesdienst an einem *Werktag* stattfinden zu lassen, und zwar innerhalb der üblichen Kindergartenzeit. Wir hielten *11.00 Uhr* für angemessen, eine Stunde bevor die meisten Kindergartenkinder wieder abgeholt werden. So war gewährleistet, daß alle Kindergartenkinder und viele Eltern (meist Mütter) mit teilnehmen konnten, da die Wochenenden meistens schon verplant sind.
Der Gottesdienst ist öffentlich ausgeschrieben worden. Darüber hinaus haben alle Eltern eine persönlich gestaltete Einladung erhalten, auf der das Thema, die Namen der Täuflinge und die Lieder enthalten waren. Die anderen Kindergartenkinder sollten aber nicht nur einfach teilnehmen am Taufgottesdienst ihrer Freunde, sondern auch in die Gestaltung miteinbezogen werden. In den Wochen vor der Taufe haben sie Lieder eingeübt und die Bastelarbeiten, die für die Aktion im Gottesdienst nötig waren, angefertigt. (Am Tauftag wurde leider nur das Geschwisterpaar Irina und Lukas getauft, da das andere Geschwisterpaar an Masern erkrankt war. Deshalb tauchen im folgenden nur diese beiden Namen auf, was am geplanten Ablauf an sich nichts änderte.)

Einzug der Kindergartenkinder

Alle Eltern und Kinder hatten sich um 11.00 Uhr vor dem Kindergarten eingefunden, um in einer gemeinsamen „Prozession“ vom Kindergarten in den Gottesdienstraum zu wandern. Dabei durften die beiden Taufkinder natürlich vorneweg ziehen; dahinter folgten der Pfarrer, die Taufeltern und Paten, dann die übrigen Kinder und Eltern.
Diese Prozession ist mehr als nur eine spontane Idee. Symbolisch erleben die Kinder (und Eltern) die Verbindung von Kindergarten, wo sie täglich sind, und Kirche; sie gehen vom einen zum anderen, gehen von ihrer alltäglichen Welt in die religiöse Welt. Sie üben exemplarisch ein, was sie im späteren Leben immer wieder machen werden: aus ihrem Alltag in den Gottesdienst, aus der Aktion in die Kontemplation, aus dem Lärm in die Stille. Zudem wird die Taufe durch den feierlichen Umzug aufgewertet. Die Täuflinge erleben schon dadurch, daß die Taufe ein wesentliches Geschehen in ihrem Leben ist.
Während des Einzuges ließ eine Mitarbeiterin des Kindergartens meditative Musik vom CD-Player einspielen, bis alle auf den Stühlen Platz genommen haben. Es eignen sich Stücke etwa von Yanni, Out of silence (1987).

Begrüßung

Die Täuflinge werden besonders begrüßt, vielleicht sogar noch einmal kurz vorgestellt (zu den Vorstellungsmöglichkeiten s. S. 29 ff.). Das Thema wird genannt, die zu sehenden „Requisiten“ (Altar, Sonnenschirm, Taufbecken) kurz erläutert, ohne zu viel zu verraten, um einen Spannungsbogen aufzubauen.

Lied: „Gott mag Kinder“ (siehe Seite 122)

Die Kindergartenkinder kommen nach vorne. Das Lied wird gemeinsam unter Gitarrenbegleitung mit dem Kindergarten gesungen. Die Kinder können zu dem Lied pantomimische Bewegungen machen; das steigert die Freude und Festlichkeit des Taufgottesdienstes.

Eingangswort

Wir feiern diesen Gottesdienst im Namen des Vaters,
der uns das Leben geschenkt hat,
und im Namen von Jesus Christus,
der uns Gottes Liebe gezeigt hat,
und im Namen des Heiligen Geistes,
der unserem Leben Hoffnung schenkt.

Die kurzen Erklärungen helfen, daß die Kinder die bloßen Namen mit einer konkreten Tat verbinden können. Das Abstrakte wird konkret und besser faßbar. Den trinitarischen Personen sind die traditionellen „Werke“ zugeordnet worden.

Psalm mit gemeinsam gesprochenem Kehrvers

Der Kehrvers kann mit den Kindern und Eltern kurz eingeübt werden.

Ganz am Anfang bin ich im Bauch meiner Mutter.
Als Baby komme ich zur Welt.
Ich kann weinen und lachen, wach sein und schlafen.
Fröhlich gehe ich meinen Weg,
Gott hält seine Hand über mir.
Ich lerne zu Krabbeln. Bald kann ich stehen.
Ich sehe das Gesicht meiner Eltern. Freundlich lachen sie mich an.
Oft liege ich in ihren Armen und schlafe ruhig ein.
Fröhlich gehe ich meinen Weg,
Gott hält seine Hand über mir.
Ich werde größer; bald kann ich gut laufen.
Mit meinen Händen kann ich mich festhalten.
Auf dem Spielplatz klettere ich allein die Rutschbahn hoch.
Fröhlich gehe ich meinen Weg,
Gott hält seine Hand über mir.
Ich lerne meine Welt kennen. Ich weiß meinen Namen
und kann viele Dinge und Tiere mit ihren Namen nennen.
Ich kann schöne Bilder malen und mit Knete etwas machen.
Ich bin mit Freunden unterwegs und weiß etwas mit mir anzufangen.
Fröhlich gehe ich meinen Weg,
Gott hält seine Hand über mir.

Lied: „Jedes Kind ist anders“ (siehe Seite 124)

Wieder singen die Kindergartenkinder vorne mit musikalischer Begleitung das Lied vor. Sehr ansprechend ist, wenn die Strophen textlich auf die zu taufenden Kinder zugeschnitten sind.

Taufansprache

Liebe Irina, lieber Lukas.

Hier vorne über dem Taufbecken seht ihr einen großen Schirm aufgespannt. Dieser Schirm hat etwas mit eurer Taufe zu tun. Ihr wißt ja, wofür ihr einen Schirm gebrauchen könnt.

(In einem zwanglosen Gespräch können die beiden Kinder ihre Ideen nennen.)

Wenn die Sonne zu heiß vom Himmel herab brennt, dann spannt ihr einen Sonnenschirm im Garten oder am Strand auf. Dann bekommt ihr keinen Sonnenbrand. Wenn es regnet und ihr draußen spazierengehen wollt, dann nehmt ihr einen Regenschirm mit und spannt ihn auf. So werdet ihr nicht naß.

Wenn ihr jetzt getauft werdet, dann bedeutet das etwas. Die Taufe bedeutet: Gott ist wie ein großer Schirm, unter dem ihr leben könnt. So wie der Schirm aufgespannt ist, so spannt Gott seine guten Hände über euch aus. Gott ist dein guter Schirm. Er sagt zu dir: „Du, ich hab dich lieb, auf dich will ich aufpassen.“

Das hat Gott zwar schon die ganze Zeit getan, euch beschützt. Er war schon mit euch, als ihr noch ein kleines Baby wart. Aber jetzt mit eurer Taufe, da könnt ihr etwas *sehen* – den Schirm und das Taufbecken, etwas *fühlen* – das Wasser über eurem Kopf, etwas *hören* – die Lieder, die Gebete, die Worte über Gott.

Mit eurer Taufe sagen wir es heute persönlich, wie gut Gott ist, zu dir, Irina, und zu dir, Lukas. So wie hier der große Schirm aufgespannt ist über dem Taufbecken, so ist Gott euer großer Schirm, der euch beschützt. Amen.

Taufbefehl

Bei jeder Taufe denken wir daran: Jesus will, daß wir getauft werden. Er hat zu seinen Freunden gesagt:

„Geht zu allen Menschen. Erzählt ihnen von mir. Tauft sie auf den Namen des Vaters, des Sohnes und des Heiligen Geistes. Helft ihnen, mir zu vertrauen. Habt dabei keine Angst, ich bin immer bei euch.“

(Den Taufbefehl kann ein Elternteil oder ein/eine Pate/Patin lesen.)

Taufbekenntnis

Ich trage einen Namen,
bei dem der Herr mich nennt.
Du rufst mich in der Taufe,
damit auch ihr mich kennt.

In christlicher Gemeinde
mich aufnehmt, wie ich bin,
weil Gott mich angenommen.
Gott ruft mich selbst hierin.

So ist es durch die Taufe
mit dir und mir geschehn:
Ich darf mit Christus leben
Und mit ihm auferstehn.

Und weil dich meine Schwäche
nicht stört und du mich liebst,
nehme ich auch meinen Nächsten
so an, wie du ihn gibst.

So trag ich meinen Namen,
bei dem du, Herr, mich nennst,
und weiß, daß du mich immer
mit meinem Namen kennst.

Ein einfaches Lied als Taufbekenntnis; mit solch einem Bekenntnis bekommen auch schon Kindergartenkinder in verständlicher Sprache einen Zugang zum Wesen der Taufe. Das Lied ist zu finden in: R. Krenzer, Von Jesus will ich euch erzählen. Das große Werkbuch zum NT, 3. Aufl., Limburg: Lahn Verlag (1988) 1994, S. 78 f. Weitere Vorschläge s. S. 67.
Irina, Lukas, die Eltern und Paten kommen nach vorne. Beide Kinder durften abwechselnd das Taufwasser in das Becken gießen.

Tauffragen

1. Irina, willst du, daß ich dich jetzt taufe?
2. Liebe Familie K., liebe Paten!

Ich frage zunächst Sie als Eltern: Wollen Sie, daß auch Lukas auf den Namen des dreieinigen Gottes getauft wird, dann antworten Sie: Ja.
Ich frage Sie als Eltern und Sie als Paten: Wollen Sie sich auch weiterhin darum bemühen, Irina und Lukas den christlichen Glauben nahezubringen, dann antworten Sie: Ja.

Irina (6) wollte nach meiner Nachfrage im Taufgespräch und mit Absprache der Eltern gerne selber das Ja-Wort sprechen, was sie auch im Gottesdienst tat. Je mehr die Kinder selber beteiligt sind, desto besser bleibt das Geschehen für sie in Erinnerung. Auch für die anderen Kindergartenkinder ist es sicherlich aufregend und spannend, wenn sie ihre Freunde sprechen hören. Für den jüngeren Lukas haben die Eltern gesprochen, wobei sie mir später sagten, daß Lukas es im nachhinein schade fand, daß er nicht selbst gefragt wurde.

Taufe

Irina, ich taufe dich im Namen des Vaters und des Sohnes und des Heiligen Geistes.
Segensspruch: „Der Herr sei vor dir, um dir den rechten Weg zu zeigen. Der Herr sei neben dir, um dich in die Arme zu schließen und dich zu schützen gegen die Gefahren von links und rechts. Gott sei dir ein guter Schirm!"
Lukas, ich taufe dich im Namen des Vaters …
Segensspruch: „Der Herr sei in dir, um dich zu trösten, wenn du traurig bist. Der Herr sei hinter dir, um dich aufzufangen, wenn du fällst. Gott sei dir ein guter Schirm!"

Taufkerzen entzünden

Dieser Brauch, den die Alte Kirche des 3. Jahrhunderts schon kannte, erfreut sich seit einigen Jahren immer mehr Beliebtheit. Auch hier ist eine persönliche Note möglich, indem Eltern oder Paten oder Freunde für den Täufling die Kerze mit Kerzenwachs individuell verzieren. Sie kann auch nach dem Gottesdienst genutzt werden, wenn sie einmal im Jahr zur Tauferinnerung angezündet wird.

Euer gemeinsamer Taufspruch

„Wer unter dem Schirm Gottes lebt, der sagt zu ihm:
‚Du bist meine Zuflucht und meine Burg. Mein Gott, dir vertraue ich!'"
(Psalm 91,1+2)

Aktion

A. Die Getauften erhalten je einen bemalten Regenschirm mit dem Taufspruch!

Die weißen Regenschirme sind alle mit *bunten Handabdrücken* der Kindergartenkinder versehen und regenfest fixiert worden (gebügelt). Solche Bastel-Regenschirme gibt es in guten Fachgeschäften für nicht allzu viel Geld zu kaufen. Die Regenschirme sind in den Tagen vor der Taufe im Kindergarten von den Kindern angefertigt worden; die Erzieherinnen haben dabei darauf geachtet, daß die vier nichts von der Aktion mitbekommen haben!

B. Die Kindergartenkinder holen Papier-Schirme hervor und verteilen sie an die Eltern und Paten in entsprechenden Farben. Einige verteilen Stifte. Auf die Schirme werden gute Wünsche geschrieben.

Die Papier-Schirme sind von den Kindergartenkindern selbst ausgeschnitten worden. Eine Vorlage findet sich in: „KrabbelGottesdienst. Mit kleinen Kindern Gottesdienst feiern. Heft 3, Modelle und Materialien, Nürnberg: Landesverband f. Ev. Kindergottesdienstarbeit in Bayern 1998, S. 53. Sie sind ca. 15 cm lang. Jeder Täufling hat etwa 10 Schirme in seiner Farbe bekommen. Die farbliche Unterscheidung ist nötig, um später die Wünsche dem richtigen Kind zuordnen zu können. Die Einbindung der Kinder belebt den Gottesdienst, bietet weitere Abwechslung zum bisherigen Hören, Sehen, Bewegen, Sitzen und Singen. So erleben sie den Taufgottesdienst ganzheitlich.
Nach der Aktion werden einige Wünsche vorgelesen, was auch eine recht fröhliche Angelegenheit sein kann. Es bleibt den Eltern überlassen, ob sie die Papier-Schirme an den bemalten Regenschirm hängen oder so aufheben wollten.

Spiel- und Tanzlied: „Seht mal meinen Regenschirm" (siehe Seite 127)

Die Kindergartenkinder singen wieder vorne mit Gitarrenbegleitung das Lied. Die beschriebenen Szenen werden von einigen Kindern während der Strophe vorgespielt (auch dies wurde vorher im Kindergarten eingeübt). Das Lied ist eine schöne Zusammenfassung des bisher Geschehenen.

Gebet

Ich danke dir, daß ich geboren bin und daß es mich gibt.
Ich danke dir, daß du mich so gemacht hast, wie ich bin.
Ich danke dir für alles, was ich kann.
Ich danke dir für alles Schöne, das ich schon erlebt habe.
Ich danke dir, daß du wie ein großer Schirm bist,
unter dem ich leben kann.
Amen.

Wir sollten ruhig verstärkt ältere Kinder dazu ermuntern, ihre eigenen Gedanken als Gebet zu formulieren. Und sie sollten ein Gebet auch selber sprechen dürfen, und zwar im Gottesdienst. Das Kind erfährt damit Wertschätzung seiner Person, seiner Worte, seiner Eigenart. Das Gebet soll eine Hilfe und Anregung sein.

Vater unser

Segenslied: „Gottes guter Segen sei mit euch" (siehe Seite 126)

Die Kindergartenkinder stellen sich im Halbkreis vorne auf und singen für die Getauften das Segenslied.

„Schritte mit unseren Füßen wagen“ – Taufgottesdienst für Kinder

Orgelspiel

Begrüßung

Bei der Begrüßung kann der/die Pfarrer/in die zu taufenden Personen ausführlicher als üblich vorstellen. Da kann ein kleiner Säugling auch einmal von den Eltern hochgehalten werden, damit alle sehen: Dieser Mensch gehört mit der Taufe von nun an zu dieser Kirchengemeinde. Sehr eindrücklich wäre es, wenn die Taufeltern selbst etwas zu ihrer Person und Situation sagen würden. Im Taufgespräch wäre der Ort, um abzuklären, ob Eltern dazu bereit sind; eine Selbstvorstellung liegt nicht jeder Familie und muß freiwillig bleiben. Eine andere Möglichkeit ist, daß der/die Pfarrer/in ein kurzes „Interview“ mit dem Täufling führt. Das setzt ein bestimmtes Alter des Kindes voraus und ein gewisses Einfühlungsvermögen auf seiten des Pfarrers. Ein solches Interview könnte so verlaufen wie das Gespräch mit dem fünfjährigen Robin.

P:„Jetzt gehe ich mal zum Robin, der sitzt hier vorne. Du, Robin, was wollen wir denn heute mit dir machen, weißt du das?“ R: „Ja, Sie taufen mich.“ P: „Und weißt du auch, wie das geht?“ R: „Da kommt Wasser auf meinen Kopf.“ „Ja, genau. Robin, du hast doch auch noch eine Schwester. Ist die schon getauft worden?“ „Weiß ich nicht.“ P: „Wie heißt denn deine Schwester?“ R: „Julia“. P: „Wen hast du denn heute alles mitgebracht außer deinen Eltern und deiner Schwester Julia?“...

Lied: „Morgenlicht leuchtet“ (EG 455,1–3)

Eingangswort

Wir feiern den Taufgottesdienst im Namen des Vaters,
der uns den Atem gab;
und im Namen unseres Herrn Jesus Christus,
der uns von Gott erzählt hat;
und im Namen des Heiligen Geistes,
der uns den Glauben schenkt.

Psalm mit gemeinsam gesprochenem Kehrvers

(Der Kehrvers kann mit den Kindern und Eltern kurz eingeübt werden.)

Ich gehe meinen Weg.
Mit meinen Füßen mache ich Schritte.
Viele Wege kann ich schon alleine gehen.
Es gibt Schritte, die fallen mir leicht.
Manche Schritte fallen mir schwer.
Auf allen meinen Wegen
bist du, Gott, mein Licht.

Ich gehe meinen Weg.
Viele Fußspuren sehe ich vor mir.
Meine Eltern haben schon viele Schritte gemacht.
Sie sind schon viele Wege gegangen.
Welchen Weg werde ich einschlagen?
Auf allen meinen Wegen
bist du, Gott, mein Licht.
Ich gehe meinen Weg.
Viele Wegstrecken liegen noch vor mir.
Ich bin gespannt und freue mich.
Ich danke dir, Gott, daß du auch meinen Weg begleitest.
Mit dir bin ich auf einem guten Weg.
Auf allen meinen Wegen
bist du, Gott, mein Licht.

Gebet
Großer, gütiger Gott. Du hast uns geschaffen.
Und du hast dein großes Ja zu uns gesagt,
längst bevor wir Ja zu dir sagen konnten.
Wir danken dir, daß du uns angenommen hast.
Wir danken dir, daß wir die Taufe feiern können.
Wirke in uns, daß wir uns von dir beschenken lassen
und bei dir bleiben.

Lied: „Ich möcht, daß einer mit mir geht" (EG 209,1–4)
(Die Aussage, „daß einer mit mir geht", der mich „geleiten" kann, nimmt die Gedanken des Psalmes auf.)

Hinführung zum Thema
Um die Kinder sinnhaft erleben zu lassen, daß es heute um sie geht, wird an eine grundlegende Erfahrung angeknüpft, die ein Kind macht: an das Erlebnis, auf seinen eigenen Füßen stehen und eigene Schritte mit seinen Füßen machen zu können. Dieses kognitive Erleben wird durch ein visuelles Erleben unterstützt, indem die Kinder eines ihrer früheren Schuhpaare sehen können, die im Altarraum hingestellt wurden. Die Schuhe sind gerne von den Eltern zum Gottesdienst mitgebracht worden. Besonders schön ist es, wenn die Eltern die Erstlingsschuhe aufgehoben haben und mitbringen.

Lieber Robin, lieber Jannick!
Ihr beiden könnt schon etwas ganz Wichtiges, was die ganz kleinen Babies noch nicht können. Könnt ihr euch vorstellen, was ich meine?

Der/Die Pfarrer/in läßt die Kinder raten. Als Hilfe kann der Impuls dienen: „Babies können noch nicht richtig sprechen. Ihr könnt schon sagen, was ihr wollt! Babies können nur auf dem Bauch liegen oder krabbeln, aber ihr könnt ...“
Es kann auch auf die im Altarraum sichtbar aufgestellten Schuhpaare der Kinder hingewiesen werden.

Ihr könnt schon mit euren eigenen Füßen auf dem Boden stehen. Das ist ganz wichtig. Eure Füße sind eure guten Freunde, vielleicht sogar die besten Freunde!
Damit ihr richtig laufen könnt, habt ihr auch Schuhe bekommen. Hier vorne stehen eure Schuhe; vielleicht waren es eure ersten Schuhe, die ihr an euren Füßen getragen habt.

Ein kurzes „Gespräch“ bietet sich an. In diesem Gottesdienst verlief das „Gespräch“ mit dem fünfjährigen Robin so: P nimmt das erste Schuhpaar und hält es hoch. „Wem von euch beiden gehören wohl diese Schuhe?“ Robin meldet sich. „Das sind meine.“ P: „Das sind also deine Schuhe, Robin. Kennst du die noch? Welche Schuhgröße steht denn hier unten drauf? Aha, Größe 21. Und welche Größe hast du jetzt?“ Robin blickt zu den Eltern. Die Mutter sagt: „Er trägt jetzt Größe 29.“ P: „Oh, dann sind deine Füße ja schon ganz schön gewachsen. Deine Schuhe sehen ziemlich mitgenommen aus. Mit den Schuhen hast du wohl allerhand gemacht. Bist du damit viel herumgelaufen?“ Robin nickt. Ich gebe die Schuhe an Robin zurück.

Schuhe sind wichtig, damit ihr euch eure Füße nicht verletzt. Denn eure Füße braucht ihr, um euch fortbewegen zu können.
Über die Füße und was sie so machen, dazu gibt es ein Lied, das ihr vielleicht kennt. Ich möchte es mit euch gemeinsam singen. Ihr könnt dabei eure Füße hin- und herschaukeln.

Lied: „Himpel und Pimpel“ (siehe Seite 128)
Das Lied ist kindgemäß formuliert, nimmt die Erfahrungen der Kinder auf, die sie mit dem Gehenlernen gemacht haben, und lädt ein, sich zur Musik auch zu bewegen.

Taufpredigt
Lieber Robin, lieber Jannick!
Ihr könnt mir euren Füßen ja schon viele Wege alleine gehen. Zu Hause könnt ihr allein aus dem Bett steigen. Ihr geht mit euren Füßen in die Spielgruppe oder in den Kindergarten. Bald geht ihr den Weg zur Schule. Ihr kennt den Weg zu euren Feunden in der Nachbarschaft.
Liebe Eltern und Paten, liebe Gemeinde!
Auf den eigenen Füßen stehen, das Leben eines Tages selbst beschreiten können, dahin soll Ihr Kind einmal kommen. Dazu braucht Ihr Kind am Anfang Fußspuren, die bereits da sind. Diese Fußspuren heißen „Liebe“,

„Wärme“, „Zuwendung“, „Zeit“, „Sprache“, „Trost“. In diese Fußspuren kann Ihr Kind treten und dadurch sicherer und mutiger werden, seine eigenen Schritte zu setzen.
Für Sie ist es wichtig, Ihrem Kind aber auch noch eine ganz andere Fußspur aufzuzeigen: die *„Fußspur Gottes“*. Eine deutliche „Fußspur“ Gottes ist die heutige Taufe. Mit der Taufe sagen wir Ihrem Kind noch einmal ganz persönlich: Gott ist da für dich. Gott sagt zu dir: „Ich habe dich lieb und bleibe für immer dein Freund“. Gott setzt seine „Fußspur“ neben Ihr Kind und begleitet seinen Weg. Gott geht mit Ihrem Kind auf allen seinen Wegen. Das feiern wir heute mit der Taufe. Das halten wir heute fest; darauf setzen wir unser Vertrauen.
Und eben dieses Geheimnis zu entdecken, daß da Gott seine Spur neben die Ihres Kindes gesetzt hat, darum geht es in der christlichen Erziehung. Für Ihre Kinder sind Sie als Eltern zunächst die entscheidenden Personen, die in Ihrem Kind etwas von Gottes Spuren lebendig werden lassen können.
Wenn Sie Ihr Kind trösten und ihm Geborgenheit schenken, wenn es traurig ist, dann kann es spüren, was es heißt, wenn wir zu Ihrem Kind sagen: „Gott ist bei dir, er hat dich lieb.“
Wenn Sie Ihrem Kind nahe sind in Stunden der Angst und der Dunkelheit, dann kann Ihr Kind spüren, was es heißt, wenn wir Ihrem Kind sagen: „Gott ist bei dir in deiner Angst, er läßt dich nicht allein.“
Ihr Kind wird heranwachsen,·es wird weitere Schritte wagen mit seinen Füßen und seine Welt erobern; Ihr Kind wird sein Leben entdecken und lernen, es selbständig zu gestalten, dem Leben einen Sinn abzugewinnen, sein eigenes Woher und Wohin abzuklären, seine Werte zu formen.
Ihr Kind kann Vertrauen in das Leben gewinnen, wenn Sie als Eltern Ihr Kind spüren lassen, daß sie selbst Vertrauen in das Leben haben.
Ihr Kind kann in seinem Leben hoffen können, wenn Sie als Eltern Ihrem Kind vermitteln, daß Sie selber eine Hoffnung haben.
Ihr Kind kann die Erfahrung machen, daß es Liebe für es gibt in seinem Leben, wenn Ihr Kind durch Sie Liebe erfahren hat.
Und im Gehen und im Schritte-setzen, da kann es dann eines Tages geschehen: Dann kann Ihr Kind zum Glauben an Gott durchdringen und bekennen: „Die Liebe, das Vertrauen, die Hoffnung, die es für mich gibt, die kommen letztlich von woanders her, von einem letzten Grund, von Gott!
Die Liebe, die ich erlebe, die ist nicht nur für eine bestimmte Zeit für mich da, sondern immer. So kann nur Gott einen Menschen lieben.
Mein Gefühl, getragen zu sein in dieser oft so widersprüchlichen Welt, das kommt nicht aus mir selber, sondern mein Vertrauen kommt aus einem letzten Grund, von Gott, der Himmel und Erde gemacht hat und in dessen Hand ich mich alle Zeit gut aufgehoben weiß.

Meine Hoffnung in das Leben, daß es auch für mich einen Sinn gibt, die nehme ich nicht aus mir selbst oder aus meinen Eltern, sondern aus Gott, der mir das Leben geschenkt hat."

So wird Ihr Kind dann den Satz des Psalmbeters auch als Wahrheit *seines* Lebens nachsprechen können: *„Du, Gott, stellst meine Füße auf weiten Raum."* (Psalm 31,9)

Natürlich werden im Leben auch Fehltritte vorkommen, Schritte, die in eine Sackgasse führen. Es werden Schritte getan werden, die unnütz sind, unüberlegt, verkehrt.

Wir werden auch einmal die Erfahrung machen, die Andrea Schwarz so ausgedrückt hat:

„Ich stolpere über meine eigenen Füße. Ich steh mir selbst im Weg. Aber ich komm nun mal nicht um mich herum."

Diese Erfahrungen aber sind ein Teil unseres Lebens, es gibt kein perfektes Leben; auch solche Momente gehören dazu, machen einen Menschen reifer, lebensklug.

Es gibt allerdings auch Schritte, die schmerzlich sind und die einem Menschen aufgebürdet werden; Schritte, an die wir uns ungern erinnern; Schritte, die mit Trauer, Verlust, Ende einer Beziehung, mit Sterben und Tod zu tun haben.

Es gibt Menschen, die diese Schritte überstehen und im Rückblick entdecken, daß sie auch in diesen Stunden sich von Gott getragen wußten.

Von solch einer Erfahrung erzählt die folgende Geschichte, die ich zum Abschluß vorlesen möchte.

Spuren im Sand

„Eines Nachts hatte ich einen Traum. Ich ging am Meer entlang mit meinem Herrn. Vor dem dunklen Nachthimmel erstrahlten, Streiflichtern gleich, Bilder aus meinem Leben. Und jedesmal sah ich zwei Fußspuren im Sand, meine eigene und die meines Herrn. Als das letzte Bild an meinen Augen vorübergezogen war, blickte ich zurück. Ich erschrak, als ich entdeckte, daß an vielen Stellen meines Lebensweges nur eine Spur zu sehen war. Und das waren gerade die schwersten Zeiten meines Lebens. Besorgt fragte ich den Herrn: „Herr, als ich anfing, dir nachzufolgen, da hast du mir versprochen, auf allen Wegen bei mir zu sein. Aber jetzt entdecke ich, daß in den schwersten Zeiten meines Lebens nur eine Spur im Sand zu sehen ist. Warum hast du mich allein gelassen, als ich dich am meisten brauchte?" Da antwortete er: „Mein liebes Kind, ich liebe dich und werde dich nie allein lassen, erst recht nicht in Nöten und Schwierigkeiten. Dort, wo du nur eine Spur gesehen hast, da habe ich dich getragen."

Amen.

Lied: „Halte zu mir, guter Gott“

Besonders die zweite Strophe bringt eine zentrale Taufpredigtaussage zur Sprache: „Du bist jederzeit bei mir; wo ich geh und steh, spür ich, wenn ich leise bin, dich in meiner Näh.“
Das Lied ist zu finden in: „Das Liederbuch für die ganz kleinen Leute“, hg. v. Ev. Erwachsenenbildungswerk Nordrhein, Düsseldorf: 1999, S. 80.

Lesung zur Taufe: Markus 10,13–16

Glaubensbekenntnis

Vorschläge s.S. 67 ff.

Taufbefehl

Bei jeder Taufe denken wir daran: Jesus will, daß wir getauft werden. Er hat zu seinen Freunden gesagt:
„Mir ist gegeben alle Gewalt im Himmel und auf Erden. Darum gehet hin und machet zu Jüngern alle Völker: Tauft sie auf den Namen des Vaters und des Sohnes und des Heiligen Geistes, und lehret sie halten alles, was ich euch befohlen habe. Und siehe, ich bin bei euch alle Tage bis an der Welt Ende.“ (Mt 28,18 ff.).

(Die erste Familie wird nach vorne gebeten.)

Tauffragen

Liebe Frau … , lieber Herr … , liebe Paten von Robin.
Ich frage zunächst Sie, liebe Eltern, wollen Sie, daß Robin jetzt auf den Namen des dreieinigen Gottes getauft wird, dann antworten Sie: Ja.
Versprechen Sie, und auch Sie, liebe Paten, gemeinsam dafür Sorge zu tragen, daß Robin den christlichen Glauben kennen- und schätzenlernt, dann antworten Sie: Ja.

Taufe

Segensspruch: *Gott, dein guter Segen sei wie ein großes Zelt, hoch und weit, fest gespannt über deine Welt. Er schütze und bewahre dich auf allen deinen Wegen! Amen.*

Taufspruch

Der Taufspruch kann von einem der Paten vorgelesen werden.

Taufkerze

Das Licht ist ein Bild für Christus, der das Licht der Welt ist.

Die Taufkerze kann ebenfalls von einem der Paten entzündet und auf den Altar gestellt werden (s. auch „Schirm“-GD, S. 33 ff.).

Abschließendes Wort
Ihr Kind ist nun getauft. Sein Taufspruch und die Kerze sollen Ihr Kind in seinem Leben begleiten und es an seine Taufe erinnern. Gehet hin im Frieden des Herrn. Amen. (Bitte nehmen Sie wieder Platz.)

Lied: „Kind, du bist uns anvertraut" (EG 596,1–3)
Auch in diesem Tauflied wird das Thema des Taufgottesdienstes angesprochen: „Wenn du deine Wege gehst ...".

(Die zweite Familie wird nach vorne gebeten.)
Tauffragen

Taufe
Segensspruch: *Gott halte seine Hände über dich, was auch kommen mag; Gott halte zu dir, heute und jeden Tag. Amen.*

Taufspruch

Taufkerze

Abschließendes Wort

Lied: „Wir haben Gottes Spuren festgestellt" (EG 648,1–3)
Die mehrfach im Taufgottesdienst gefallenen Wendungen „Spur Gottes"/„Fußspur Gottes"/„Weg gehen" tauchen auch in diesem Lied wieder auf: „Wir haben Gottes Spuren festgestellt, ..."; „Gott wird auch unsere Wege gehen, ...".

Fürbittgebet
Einer: Guter Gott, wir danken dir für unsere Kinder.
Wir danken dir für das Geschenk des Lebens.
Beschütze unsere Kinder.
Alle: Wir bitten dich, erhöre uns.
E: Wir danken dir für das Zuhause, das die Kinder haben,
für ihre Geschwister, ihre Großeltern und Freunde.
Hilf, daß sie miteinander auskommen und zusammenhalten.
A: Wir bitten dich, erhöre uns.
E: Wir danken dir für die Taufe.
Hilf, daß die Kinder etwas von dir spüren,
jetzt und wenn sie größer werden.
A: Wir bitten dich, erhöre uns.
E: Herr, unser Gott, dir vertrauen wir.
Sei bei uns und allen Menschen.
Behüte uns vor Gefahr und bösen Menschen.

A: Wir bitten dich, erhöre uns.
E: Gib uns und den Kindern Freude an diesem Tag.
Laß uns noch viele Tage fröhlich beieinander sein.
Amen.

Vater unser

Lied: „Gott, dein guter Segen“

Der Gedanke des „Weges“ wird noch einmal thematisiert. Das Lied ist zu finden in: „Das Liederbuch für die ganz kleinen Leute“, hg. v. Ev. Erwachsenenbildungswerk Nordrhein, Düsseldorf: 1999, S.82.

Segen
Möge dein Weg dir freundlich entgegenkommen,
möge der Wind dir den Rücken stärken.
Möge die Sonne dein Gesicht erhellen
und der Regen um dich her die Felder tränken.
Und bis wir beide, du und ich, uns wiedersehen,
möge Gott dich schützend in seiner Hand halten.
Amen.
(Der Segen ist zu finden im EG unter der Nr. 996.)

Orgelspiel

„Vom Fisch verschluckt und ausgespuckt“ – Taufgottesdienst für Kinder

Der Taufgottesdienst nimmt als Taufthema die biblische Erzählung von Jona auf. Diese alttestamentliche Geschichte war bereits für die frühchristliche Kirche ein beliebtes Bildmotiv. In der Katakombenmalerei wird die Jona-Fisch-Sequenz als Vorbild von Tod und Auferstehung (Jesu) gedeutet.
Der Altarraum kann entsprechend geschmückt werden. Ein Fischnetz kann aufgespannt sein. Kleine Fische (aus Plastik) sind auf dem Boden verteilt, die für die abschließende Aktion benötigt werden. Wer einen aufblasbaren Wal (Schwimmtier) hat, kann auch diesen zur Dekoration verwenden. Der Altarraum sollte aber nicht überladen wirken, da im Taufgottesdienst noch andere Medien zum Einsatz kommen.

Orgelspiel

Begrüßung

Zu den Vorstellungsmöglichkeiten s. S. 29ff.
Das Thema wird vorgestellt, auf die Dekoration hingewiesen und erläutert, damit die Anwesenden nicht im unklaren bleiben. Unklarheiten irritieren und verhindern, sich auf den Gottesdienst einzulassen.

Lied: „Lobet den Herren alle, die ihn ehren“ (EG 447,1–3.7)

Eingangswort

Wir feiern diesen Taufgottesdienst
im Namen des Vaters,
der seine Hand über uns hält,
und im Namen von Jesus Christus,
der an unserer Seite ist,
und im Namen des Heiligen Geistes,
der in uns wohnt.
Amen.

Worte nach Psalm 8 mit gemeinsam gesprochenem Kehrvers

(Der Kehrvers kann mit den Kindern und Eltern kurz eingeübt werden.)

Gott, du bist wie ein König.
Auf der ganzen Erde sprechen die Menschen von dir!
Kinder und Erwachsene staunen über dich, Gott.
Du bist so groß, du hast alles gemacht.
Du hast die Welt so bunt und farbenfroh geschaffen.
Am Tag sehe ich Blumen und Bäume,

Schafe und Kühe auf der Wiese.
Ich schaue mir abends die Sterne an;
sie funkeln und glitzern in die Nacht hinein.
Alle bewundern das, was du gemacht hast.
Gott, du bist wie ein König.
Auf der ganzen Erde sprechen die Menschen von dir!
Ich denke über dich nach, Gott, und merke:
Du bist so groß, ich fühle mich ganz klein.
Ob sich Gott auch um mich kümmert?
Ich fange an zu jubeln, denn ich weiß:
Du, Gott, denkst auch an mich.
Denn du hast ja auch mich gemacht,
mir Hände und Füße gegeben,
Augen und Ohren.
Mit meinem Mund kann ich reden
und dir sagen, wie schön es auf dieser Erde ist.
Gott, du bist wie ein König.
Auf der ganzen Erde sprechen die Menschen von dir!

Gebet
Guter Gott.
Du hast den Eltern große Freude gemacht:
Neues Leben ist entstanden,
ein unverwechselbarer Mensch geboren.
Du hast Eltern und Kind in der Stunde der Geburt bewahrt.
Dafür danken wir dir.
Wir staunen über das Wunder der Geburt.
Wie klein kommt doch ein Mensch auf die Welt.
Wie zart sind seine Finger.
Du läßt einen Menschen nicht allein.
Jeder Mensch ist bei dir wichtig.
Spürbar willst du ihm nahe sein.
Deine Nähe tut gut; das wissen wir.
Darum wollen wir die Kinder heute taufen.
Wir danken dir, daß du so ein freundlicher Gott bist.
Amen.

Lesung: Jona 2,2–10

Dieser Abschnitt erzählt die entscheidende Szene, zu der eine Verbindung mit der Taufe gezogen werden kann. Die näheren Umstände wie der Auftrag an Jona, seine Flucht, sein neuer Gehorsam, sein heilsgeschichtlicher Irrtum und sein Unmut über die Barmherzigkeit Gottes sind Aspekte, die in diesem Taufgottesdienst unberücksichtigt bleiben können.

Lied: „Ich singe dir mit Herz und Mund“ (EG 324,1–4.13–14)

Hinführung zum Thema

Bei dem Kurzvortrag über die Wale kann ein Bild von einem Wal gezeigt werden. Eine Vorlage ist auf dieser Seite zu finden. Wird ein Programmblatt entworfen, kann sie bei der optischen Gestaltung kopiert oder auf eine eigene Vorlage zurückgegriffen werden.

Wale – die größten und beeindruckendsten Tiere auf unserer Erde. Kraftvoll und majestätisch durchziehen sie das Meer. Seit Jahrtausenden haben sich die Menschen Gedanken über die Wale gemacht. Vielen Menschen galten sie als heilig, als erhaben und mächtig.
Es wurde erzählt, daß Wale die Menschen beschützt haben, wenn sie auf hoher See unterwegs waren. Die mächtigen Wale konnten für den Menschen aber auch bedrohlich und gefährlich werden. Sie konnten einen Menschen verschlingen – wie zum Beispiel den Kapitän Ahab in dem Roman „Mobby Dick“.

In jüngerer Zeit haben sich viele Forscher um die Wale bemüht und ihr Verhalten erforscht. Sie kamen zu erstaunlichen Ergebnissen. Wale haben die Fähigkeit, Lieder unter Wasser zu singen, die von anderen Walen in über einhundert Kilometer Entfernung noch gehört werden. Die Lieder sind hochkomplizierte Gesänge mit vielen Strophen. Ein einziges Lied kann mehr als eine halbe Stunde dauern.
Heute sind Wale wieder ganz „in“; nicht zuletzt durch den Kinofilm „Free Willy“, der viele Kinder begeistert hat. Wale müssen geschützt werden, damit es noch lange Wale in unseren Meeren gibt.

Lied: „Vergiß nicht zu danken“ (EG 644,1–3)

Taufpredigt

Liebe Kinder! Kennt ihr die Jonageschichte? Die Geschichte von Jona wird in ganz vielen Kinderbibeln erzählt. Ein Teil aus der Geschichte ist vorhin vorgelesen worden. Jona wird von einem großen Fisch verschluckt.
Hier habe ich euch ein Bild von Jona mitgebracht.

Ein *Jonabild* kann als Dia oder auch als Folie an der Leinwand gezeigt werden. Bei älteren Kindern bietet sich an, sie erzählen zu lassen, was sie sehen.
Nicht jedes Jonabild ist geeignet. Es darf jüngeren Kindern keine Angst machen, weil ansonsten später die Taufe mit einem negativen Erleben verbunden werden könnte. Beängstigend wirkt z.B. der Farbholzschnitt: „Jona“ von Thomas Zacharias (Kösel Verlag 1966), der bewußt die Bedrohlichkeit des Lebens thematisiert. Dieses Bild ist für diesen Taufgottesdienst unpassend.
Es sollte nur solch ein Bild genommen werden, das das Herauskommen aus dem Fisch, nicht das Verbleiben im Bauch darstellt. Denn es geht in der Taufe um die Erfahrung der „Wiedergeburt“, des Neuanfangs. Von daher ist Walter Habdanks Werk: „Jona im Fischleib“ (Abbildung im „Kursbuch Religion 7/8 2000, Calwer/Diesterweg 1998, S. 56) ungeeignet, zumal auch dieser Holzschnitt den Fisch mit langen, spitzen Zähnen zeigt, die Kinder erschrecken könnten. Sein 1976 geschnittenes Bild „Jona wird befreit“ zeigt den Fisch zwar immer noch mit großen Zähnen, veranschaulicht aber das Herauskommen und Neuwerden (embryonale Haltung des Jona) und kann verwendet werden.
Empfehlenswert ist eine Jonadarstellung aus der altchristlichen Katakombenmalerei des 4. Jh. Gezeigt wird der Moment, in dem Jona vom Fisch ausgespuckt wird. Das Gemälde regt die Phantasie der Betrachter an und läßt viel Raum für unterschiedliche Deutungen (eine farbige Abbildung findet sich in der Bibel für junge Leute: „Die Nacht leuchtet wie der Tag“, S. 163). In manch alten Kinderbibeln finden sich ebenfalls durchaus ansprechende Zeichnungen; etwa in: Die Kinderbibel. Von Anne de Vries, Konstanz: Bahn Verlag 1954; sie zeigt die Szene, wie ein Wal (leicht bezahnt) den erschreckten Jona ans blühende Ufer auswirft.

Jona sitzt im Bauch des Fisches. Da ist es stockdunkel. Und drum herum ist das große Meer. Das ist auch ganz dunkel. Drei Tage und drei Nächte lebt Jona im Bauch des großen Fisches. Jona ruft zu Gott: „Hilf mir, Gott.

Hol mich heraus aus dem tiefen Meer." Und dann geschieht es: Der große Fisch spuckt den Jona ans Land. Gott hat Jona gehört. Gott hat dem Jona geholfen. Gott hat ihn gerettet. Jona fühlt sich wie neugeboren.
Kennt ihr das auch? Habt ihr auch einmal schon solche Erfahrungen gemacht?
Ihr seid krank, es geht euch ganz schlecht. Ihr habt Windpocken oder Masern. Ihr liegt lange im Bett und könnt nicht spielen, nicht laufen, nicht herumtoben. Und dann werdet ihr wieder gesund. Ihr springt aus dem Bett und fühlt euch wie neu!
So, jetzt möchte ich mich auch einmal an eure Eltern wenden.

Liebe Eltern! Liebe Paten! Liebe Gemeinde!
Solche Erfahrungen kommen immer wieder einmal im Leben vor. Eine Frau überlebt einen schweren Unfall oder erholt sich von einer schweren Krankheit: Dann fühlt sie sich wie neugeboren.
Ein junger Mann lernt für eine wichtige Prüfung, er fiebert dem Prüfungstag entgegen. All sein Wissen scheint ins Schwimmen zu geraten. Aber dann besteht er die Prüfung und atmet erleichtert durch, so als ob neues Leben ihn durchdringt.
Diese Erfahrung wird in der Jonageschichte bildhaft erzählt. Ein Mensch kann sich fühlen wie Jona, der von einem großen Fisch in die Tiefe gezogen wird. In dieser Situation ist alles dunkel, die Wellen schlagen über ihn ein. Und dann kommt der Tag der Rettung: Er bekommt wieder Boden unter die Füße wie Jona, als er ans Ufer befördert wird.
Wenn wir jetzt gleich Ihre Kinder mit Wasser taufen, dann soll das etwas ganz Ähnliches aussagen: Mit der Taufe geschieht etwas Neues im Leben Ihres Kindes. Gott sagt zu Ihrem Kind: „Ich werde dein Freund sein und will dich niemals verlassen. Ich kenne dich mit Namen. Du bist in meine Hand geschrieben. Niemand wird das mehr ändern können."
Es ist, als ob Ihr Kind mit der Taufe ein neues Ufer betritt.
Und wenn Ihr Kind dann (weiter) hineinwächst in den christlichen Glauben, dann kann es die Erfahrung machen, die Jona gemacht hat, und für sich bekennen: „Als die Wellen über mein Leben zusammenbrachen, da habe ich um Hilfe gerufen. Ich habe die Zeit gut überstanden. Ich glaube, daß Gott mir geholfen hat. – Als das Wasser mir bis zum Hals stand, wußte ich nicht mehr weiter. Aber dann habe ich neue Hoffnung bekommen. Gott hat mich gerettet."
Es gibt einem Menschen viel Mut im Leben, wenn er zu Gott rufen kann. Es macht einen Menschen dankbar, wenn Gott ihn aus den „Tiefen der Meeresfluten" errettet hat und sich wie neugeboren fühlt.
Amen.

Lied: „Ich möchte, daß einer mit mir geht" (EG 209,1–4)

Taufbefehl

Glaubensbekenntnis
(Vorschläge s. S. 67 ff.)

Lesung zur Taufe: Markus 10, 13–16
Stehen mehrere Taufen an, empfiehlt sich zur „Auflockerung", nach zwei oder drei Taufen eine Liedstrophe aus dem nachfolgenden Lied einzuschieben.

(Die erste Familie wird nach vorne gebeten.)

Tauffrage

Taufe mit Segenswort
(Beispiele s. S. 76)

Taufkerze entzünden

Taufspruch

Abschließendes Wort
Ihr Kind ist nun getauft. Sein Taufspruch und die Kerze sollen Ihr Kind in seinem Leben begleiten und es an seine Taufe erinnern. Gehet hin im Frieden des Herrn. Amen. (Bitte nehmen Sie wieder Platz.)
(Die zweite Familie kommt nach vorne ...)

Lied: „Ihr seid das Volk"
Das Lied ist zu finden im ehemaligen Beiheft zum EKG, „Singt und dankt", Nr. 711b,1–3.

Wünsche der Paten und Gebet
Um den einzelnen Taufen eine *individuelle* Note zu geben, können die entsprechenden Paten ihrem Patenkind einen guten Wunsch mit auf den Weg geben, den sich die Paten selbst überlegt haben. Nicht nur die Taufe wird individueller, auch die Paten erfahren schon gleich zu Beginn eine Wertschätzung ihres „Amtes", da nur sie als Paten dem Kind einen Wunsch mitgeben sollen.
Im Taufgespräch wird diese Möglichkeit besprochen; nicht alle Paten lassen sich auf diese Aufgabe ein, das ist zu respektieren. Denjenigen Paten, die sich darauf einlassen, muß genügend Zeitraum gelassen werden, sich auf diese Situation vorbereiten zu können. Denn sie sollen nach Möglichkeit dem Patenkind auch ein kleines symbolisches Geschenk überreichen.

Ich bitte jetzt die Paten nach vorne, die einen Wunsch für ihr Patenkind sagen möchten. Wir beginnen mit Familie ...

Eine Patin schenkte ihrem Patenkind ein gepreßtes Kleeblatt, eingerahmt in einen kleinen Bilderrahmen und sagte dazu: „Ich wünsche dir Glück in deinem Leben. Daran soll dich dieses Kleeblatt erinnern."

Eine andere Patin überreichte einen gebastelten Regenbogen und fügte hinzu: „Alle Farben dieses Regenbogens sollen in deinem Leben vorkommen: Rot wie Liebe; mögest du immer wieder die Liebe anderer Menschen erfahren; gelb wie Freude; viel Freude sei in deinem Leben; grün wie die Hoffnung: mögest du immer neu hoffen können, auch wenn es dir einmal schlecht geht; blau wie die Freundschaft: mögest du gute Freunde finden, die dir mit Rat und Tat beiseite stehen; lila wie der Frieden: mögest du friedlich leben in deiner Familie und aufwachsen ohne Krieg."

Gebet

Guter Gott,
wir haben viele gute Wünsche gehört.
Wir hoffen sehr, daß sie sich erfüllen.
Wir möchten, daß das Leben unserer Kinder gelingt
und glücklich verläuft.
Hilf du, daß Eltern und Paten eine glückliche Hand bei der Erziehung
und Begleitung haben.
Bewahre die Kinder auf ihrem Lebensweg, der vor ihnen liegt.
Laß uns selbst nicht den Mut verlieren.
Schenke uns Hoffnung und Vertrauen in das Leben.
Bleibe bei uns, guter Gott.

Vater unser

Segen

Orgelspiel

Abschließende Aktion

Ich wünsche Ihnen allen ein fröhliches Fest in Ihren Familien. Für alle Kinder gibt es hier vorne noch ein kleines Geschenk. Jeder von euch kann sich solch einen Fisch mitnehmen, die hier überall auf dem Boden verteilt liegen. Der Fisch soll euch noch lange an den heutigen Tag erinnern.

„Im Schiff, das sich Gemeinde nennt" – Taufgottesdienst für Kinder

Der Taufgottesdienst nimmt als Taufthema das neutestamentliche Wunder der Sturmstillung auf.
Der Altarraum kann mit einigen Schiffen (Modellbauten, Spielschiffe) dekoriert werden, ohne ihn zu überladen.

Orgelspiel

Begrüßung
Zu den Vorstellungsmöglichkeiten s. S. 29 ff.
Das Thema wird vorgestellt, auf die Dekoration hingewiesen und erläutert, damit die Anwesenden nicht im unklaren bleiben. Unklarheiten irritieren und verhindern, sich auf den Gottesdienst einzulassen.

Lied: „Danke für diesen guten Morgen" (EG 334,1–6)

Eingangswort
Wir feiern diesen Taufgottesdienst
im Namen des Vaters,
der alle Dinge trägt und hält;
und im Namen von Jesus Christus,
der uns versöhnt und befreit hat;
und im Namen des Heiligen Geistes,
der uns Zuversicht und Kräfte gibt.
Amen.

Ein Schöpfungspsalm mit gemeinsam gesungenem Kehrvers
(Der bekannte Kehrvers kann mit den Kindern und Eltern kurz eingeübt werden.)

Lobet und preiset, ihr Völker, den Herrn.
Freuet euch seiner und dienet ihm gern.
All ihr Völker, lobet den Herrn.
Singt mit, ihr Kleinen und ihr Großen.
Jubelt laut über Gott, ihr Dünnen und ihr Dicken!
Sagt Gott Dank, ihr Armen und ihr Reichen!
Alle Städte, alle Länder, lobt Gott, den Herrn!
Lobet und preiset, ihr Völker, den Herrn.
Freuet euch seiner und dienet ihm gern.
All ihr Völker, lobet den Herrn.

Sing auch du mit, du plätschernder Bach am Waldesrand!
Jubel auch du mit, du ängstlicher Hase im Unterholz!
Singt Lieder hell und bunt, all ihr Vögel in den Bäumen!
Tanzt am Himmel, all ihr Wolken!
Trommelt laut auch euer Lied, all ihr Regentropfen!
Sonne, Mond und Sterne, macht ein lautes Konzert für euren Gott!
Denn Gott hat Himmel und Erde gemacht
und alle, die auf ihr leben!
Lobet und preiset, ihr Völker, den Herrn.
Freuet euch seiner und dienet ihm gern.
All ihr Völker, lobet den Herrn.

Gebet
Guter Gott,
wir nennen dich Schöpfer,
denn du hast alles gemacht, was da ist.
Wir danken dir für die Schönheiten in der Natur.
Wir danken dir, daß du auch uns gemacht hast.
Wir danken dir für die Kinder, die wir heute taufen wollen.
Hilf, daß sie sich in der christlichen Gemeinde wohlfühlen.
Laß sie Lieder kennenlernen, die von Freude, Glück und
Hoffnung singen und von dir, der all dies schenkt.
Amen.

Lesung: Markus 4, 35–41

Die Geschichte von der Sturmstillung wird in der Taufpredigt aufgenommen. Das Schiff als zentrales Symbol dieses Taufgottesdienstes kommt zur Sprache.

Lied: „Sei Lob und Ehr dem höchsten Gut“ (EG 326,1–3)

Das Lied nimmt Gedanken des Anfangspsalmes auf und läßt durch die Wendung, daß Gott „alle *Wunder* tut, ... allen Jammer *stillt*“ eine erste deutende Assoziation zur vernommenen Sturmstillungsgeschichte zu.

Hinführung zum Thema

Bei dem Kurzvortrag über Schiffe kann ein *Bild* von einem Schiff (etwa als Folie auf einer Leinwand) gezeigt werden. Eine Vorlage ist auf S. 56 zu finden. Wird ein Programmblatt entworfen, kann bei der optischen Gestaltung ebenfalls auf die Vorlage zurückgegriffen werden.

Schiffe! Wir alle kennen sie. Die meisten von uns waren schon selbst einmal auf einem Schiff.
Manche Schiffe haben Geschichte geschrieben und sind weltberühmt geworden. Schiffe gehörten schon sehr früh zum Lebensalltag der Menschen.
Das älteste Schiff ist das Schiff des Pharao Cheops. Es wurde an der Cheops-Pyramide entdeckt. Es ist über 4600 Jahre alt. Das Schiff war eine Grabbeilage für den großen König. Da es 43 m lang war, wurde es in mehrere Teile zerlegt.
Es gab die gefürchteten Wikingerschiffe aus der Zeit um 1000 n. Chr.
Das bekannteste mittelalterliche Schiff war die „Santa Maria“, mit der 1492 Christoph Columbus mehrere Male nach Mittelamerika reiste.
1620 stach die „Mayflower“ in See. An Bord waren die sogenannten Pilgerväter, die von England aus starteten und Amerika besiedelten.
Es gibt luxuriöse Kreuzfahrtschiffe, mit denen Touristen um die ganze Welt fahren können. Sie trugen und tragen stolze Namen: Titanic, Queen-Elizabeth II, MS Viktoria.
Das größte Schiff der Welt ist der Öltanker „Batillus“ mit 414 m Länge, 65.000 PS und einem Tankvolumen von 600.000 Kubikmetern.

Lied: „Ich möcht', daß einer mit mir geht" (EG 209,1–4)

Taufpredigt

Liebe Kinder! Ihr habt bestimmt schon einige Boote gesehen.
Habt ihr schon einmal in einem Boot gesessen?
Vielleicht habt ihr in eurem Urlaub ein Schlauchboot mitgenommen; und da seid ihr dann auf dem Meer unterwegs gewesen. Es hat euch großen Spaß gemacht, über die Wellen zu schaukeln, ohne selber dabei naß zu werden. Mit den Rudern seid ihr viel schneller vorwärts gekommen, als wenn ihr schwimmen müßtet. Bei Sturm und schlechtem Wetter ist es an den Badestränden verboten, mit einem Schlauchboot ins Meer zu gehen.
Mit einem Boot ist auch Jesus mit seinen Jüngern einmal unterwegs gewesen. Jesus hat von Gott erzählt, und nun will er mit seinen Freunden über den See fahren. Gemeinsam steigen sie in das Fischerboot. Die zwölf Freunde von Jesus rudern los. Jesus ist müde und legt sich in die hintere Ecke des Bootes und schläft ein. Das kleine Segel flattert im Wind. Da auf einmal wird der Wind stürmischer. Hier habe ich euch ein Bild mitgebracht.

Für Kinder gut geeignet ist das Bild „Seesturm" von *W. Habdank* (1977 geschnitten) wegen der eindrucksvollen Gesichter, die das Bild beherrschen. Die mittelalterliche Darstellung „Der Sturm auf dem Meer" aus dem *Evangeliar* der Äbtissin Hitda ist eine denkbare Alternative. Beide Werke sind als Folie z.B. bei U. Früchtel, Auf dem Weg. Vollständiger Kurs für zwei Jahre Konfirmandenunterricht, Göttingen: V&R 1993 (3. Aufl.), im Folienteil leicht zugänglich. Empfehlenswert ist auch die kunstvoll komponierte Darstellung von *Sieger Köder* „Habt ihr noch keinen Glauben. Sturm auf dem See", die in einer Bibelübersetzung mit abgebildet ist (Die Bibel. Mit Bildern von Sieger Köder. Einheitsübersetzung, Ostfildern: Schwabenverlag 4. Aufl. 1994, S.1024). Bei älteren Kindern bietet sich an, sie erzählen zu lassen, was sie sehen.

Die Freunde merken, daß ein Sturm sich am Himmel zusammenzieht. Und sie sind mitten auf dem See Genezareth. Das Schiff beginnt hin- und herzuschaukeln. Der Sturm bricht los. Die Freunde haben Angst. Sie versuchen ans rettende Ufer zu rudern. Sie schaffen es nicht. Sie sehen, wie Jesus immer noch daliegt und schläft. Sie wecken ihn auf. Sie rufen zu ihm: „Herr, wir gehen unter! Hilf uns!" Jesus steht auf und ruft: „Wind, sei jetzt still!" Da legt sich der Sturm, und es wird ganz ruhig auf dem See. Jesus sagt zu seinen Freunden: „Warum habt ihr Angst? Ich bin doch bei euch."

Liebe Eltern, liebe Paten, liebe Gemeinde!
Hineingenommen in das Schiff, das sich Gemeinde nennt. Darum geht es in der Taufe. Ihr Kind ist mit seiner Taufe hineingenommen in die christliche Gemeinde, die wie ein Schiff auf Reisen ist. Zu diesem Schiff gehören alle die, die getauft sind und glauben. Gott sagt mit der heutigen

Taufe zu Ihrem Kind: „Dich habe ich lieb. Ich werde dein Freund sein. Ich bin für dich da, heute, morgen, und für immer! Ich habe dich angenommen. Du gehörst mit zur Gemeinde Gottes!“
Im Schiff, das sich Gemeinde nennt, da gibt es viele andere Menschen, die auch an Gott glauben und sich darüber freuen, daß Gott ihr Freund ist. An dieser „Schiffgemeinschaft“ kann Ihr Kind teilhaben.
Alle aber wissen sie sehr genau, daß auch sie nicht um Stürme herumkommen. Auch dieses Schiff reist durch das Meer unserer Zeit; es gibt keinen Geheimkurs durch unbekümmerte Windstille! Jeder im Schiff kennt stürmische Tage in seinem eigenen Leben. Jede im Schiff weiß, daß urplötzlich Wellen über sie hereinbrechen können, die sie dem Untergehen nahebringen.
Der Sturm, die angstmachenden Wellen, die am Leben zerren, die können bei einem jeden Menschen sehr unterschiedlich aussehen. Ein Mensch bricht unter der Last der Arbeit zusammen; eine Freundschaft geht in die Brüche; eine Liebe erlischt; ein Kind wird ausgelacht in der Schule, zum Außenseiter gemacht; eine schwere Operation steht bevor; ein neuer Lebensabschnitt muß gestaltet werden.
All das können Einbrüche bedeuten, die das Lebensschiff des einzelnen in ein angstmachendes Schwanken versetzen. Die Menschen in dem Schiff, das sich Gemeinde nennt, sie sind wie du und ich, ganz normale Leute, mit ihren Nöten und Ängsten.
Aber die Menschen an Bord, sie glauben, daß Gott im Schiff anwesend ist. Sie vertrauen darauf, daß Gott an ihrer Seite ist wie Jesus im Schiff seiner zwölf Freunde. Und an den können sich diese Menschen wenden. Sie können zu Gott rufen in ihrer Not: „Hilf, Herr, ich versinke!“
Der Sturm kann so gewaltig werden, daß ein Mensch meint, Gott höre ihn nicht, er schlafe und sei taub; Gott sei fern von ihm. Und es kann geschehen, daß in einem Menschen trotz seiner Taufe und seines Glaubens der Glaube selbst zu zerbrechen droht im Angesicht der hohen Wellen.
Das Unglück kann einem Menschen das Glauben schwermachen, so schwer, daß der Glaube fast verlorengeht, daß für eine Zeitlang der Glaube im tiefsten Zweifel versinkt. Es ist in solch einer Situation oft hilfreich, daß andere Menschen auf dem Schiff sind, die dem Verzweifelten nahe sind. Und durch diese menschliche Nähe spürt solch ein Mensch vielleicht wieder die Nähe Gottes! Und es kann geschehen, daß eine neue Hoffnung erwächst, ein neues Zutrauen zu Gott und das Bekenntnis: Gott hat die Sturmwellen meines Lebens zur Ruhe gebracht.
Die Erfahrung zu machen: Ich werde gehört. Gott hat mir durchgeholfen. Ich habe es überstanden mit Gottes Hilfe; das sind Erfahrungen, die einem Leben großen und tiefen Halt geben.

Mit der Taufe feiern wir, daß Ihre Kinder hineingenommen werden in das Schiff, das sich Gemeinde nennt. Es gibt genügend Menschen auf diesem Schiff, die Ihrem Kind gerne helfen, dieses Schiff genau zu erkunden. Nur was ein Mensch kennt, kann er lieben. Wenn Ihr Kind den christlichen Glauben kennenlernt und das, was sich in einer christlichen Gemeinde „abspielt", dann kann Ihr Kind sich bald an Bord wie zuhause fühlen. Andere auf dem Schiff können Ihrem Kind mit Rat und Tat zur Seite stehen. Es gibt viele Fachkräfte an Bord.
Und eines Tages kann es auch Aufgaben auf dem Schiff übernehmen. Es gibt in einer Gemeinde eine breitgefächerte Arbeit, durch die ein Mensch seine Begabungen und Fähigkeiten entdecken und ausbauen kann.
Ihr Kind darf im Schiff, das sich Gemeinde nennt, auch zur Ruhe kommen, zur Besinnung; es darf „auftanken" und Kraft aus dem Glauben an Gott schöpfen im Singen und Beten, im Feiern eines schönen Gottesdienstes.
Und so fährt das Schiff, das sich Gemeinde nennt, mit allen, die neu dazukommen, „durch das Meer der Zeit", wie es in dem Lied heißt, das wir nun singen.

Lied: „Ein Schiff, das sich Gemeinde nennt" (EG 604, 1.3.5)

Taufbefehl

Glaubensbekenntnis
Vorschläge s. S. 67 ff.

Lesung zur Taufe: Markus 10, 13–16
Stehen mehrere Taufen an, empfiehlt sich zur „Auflockerung", nach zwei oder drei Taufen eine Liedstrophe aus dem nachfolgenden Lied einzuschieben.
Danach wird die erste Familie nach vorne gebeten.

Tauffrage

Taufe mit Segenswort
(Beispiel s. S. 76)

Taufkerze entzünden

Taufspruch

Abschließendes Wort
Ihr Kind ist nun getauft. Sein Taufspruch und die Kerze sollen Ihr Kind in seinem Leben begleiten und es an seine Taufe erinnern. Gehet hin im Frieden des Herrn. Amen. (Bitte nehmen Sie wieder Platz.)
(Die zweite Familie kommt nach vorne ...)

Lied: „Ein Kind ist angekommen“ (EG 595,1–4)

Das Thema des Taufgottesdienstes wird in diesem Lied noch einmal zusammenfassend angestimmt, wenn es heißt: „Gott nimmt es in der Taufe/ in die Gemeinde auf … Wir wollen diesem Kinde / recht gute Freunde sein / und laden es mit Freude / in die Gemeinde ein, / …“.

Gebet

Gott, Schöpfer des Lebens,
dir gehört aller Jubel, aller Gesang.
Wir danken dir, daß wir als deine Gemeinde leben können.
Wir danken dir, daß wir uns gegenseitig Mut machen können.
Wir danken dir, daß wir hineingenommen sind in dein großes Schiff.
Hilf, daß wir auf rechtem Kurs bleiben.
Hilf, wenn stürmische Wellen auf uns schlagen.
Trage uns hindurch heute und alle Tage.

Vater unser

Segen

Orgelspiel

Geschenk für die Tauffamilien

Ein kleines passendes Geschenk hilft den Eltern, den Taufgottesdienst für sich und die Kinder in Erinnerung zu halten. Das in der Anlage dargestellte Schiff eignet sich besonders gut, weil es „neutral“ ist und die eigenen Assoziationen zu diesem Taufgottesdienst zuläßt; die Betrachtenden können an die Sturmgeschichte erinnert werden oder an das Lied „Ein Schiff, das sich Gemeinde nennt“. Die Vorlage ist gut zu fotokopieren. Sie kann ansprechend gerahmt und mit dem Thema, Namen des Täuflings, dem Datum, dem Taufort oder auch mit einem Bibelvers versehen werden.

Taufansprache für Eltern bei einer Säuglingstaufe

Der bekannte deutsche Chanson- und Balladensänger Reinhard Mey hat ein Lied gedichtet, das von der Geburt seines Kindes erzählt. Es heißt: „Die erste Stunde“ und befindet sich auf seinem Album „Mein Apfelbäumchen“.
Reinhard Mey beschreibt die tiefen Gefühle, die in ihm wachgerufen wurden, als er sein Kind nach der Geburt zum ersten Mal erblickte. Er umschloß es mit den Armen und auch, wie er weiter singt, mit seinem „Herzen“. Dort hat es schon gleich nach der Geburt seinen festen Platz, allein durch sein Dasein. Wortlos nimmt er sein Kind als ein „Geschenk“ in Empfang und spürt, daß dieses winzige Kind doch „alle Macht“ über sein Leben bekommen hat.
In der dritten Strophe fährt Reinhard Mey dann fort:
„So hielt ich dich, sie war vollbracht,
die lange Reise durch die Nacht,
vom hellen Ursprung aller Dinge.
Hab ich geweint oder gelacht,
es war, als ob um uns ganz sacht
ein Schicksalshauch durchs Zimmer ginge.
Da konnte ich die Welt verstehen,
dem Leben in die Karten sehen
und war Teil der Schöpfungsstunde.“

Liebe Familie des Taufkindes, liebe Paten!
So haben Sie vielleicht auch empfunden: Sie hielten Ihr Kind in den Armen und dachten für sich: *„sie war vollbracht, die lange Reise durch die Nacht, vom hellen Ursprung aller Dinge.“* Das ist schön gesagt. Ihr Kind: eine Gabe vom hellen Ursprung aller Dinge. Ja, Reinhard Mey spricht sogar von der *„Schöpfungsstunde“*, an der er Anteil nehmen durfte.
Bei einer Geburt flackert der Gedanke mit einem Mal wieder auf, der Gedanke, daß es da einen Gott über uns gibt, dem wir unser Leben zu verdanken haben. Reinhard Mey ist ganz nah dran an dem, was der christliche Glaube bekennt. Er spricht von Schöpfung, von einem Ursprung, der da also schaffend tätig geworden ist.
Heute, mit der Taufe Ihres Kindes, bekennen wir, daß der Ursprung Ihres Kindes Gott, der Schöpfer, ist. Der Ursprung Ihres Kindes ist nichts Nebulöses, nicht die endlose Zeit, die Natur, ein namenloser Ursprung,

sondern eine konkrete Person. „Ich glaube an Gott, den Vater, den allmächtigen, den Schöpfer des Himmels und der Erde", so heißt es in unserem Glaubensbekenntnis.
Und jeder/jede darf sich dieses urchristliche Bekenntnis zu eigen machen und sagen: „Ich glaube, daß mich Gott geschaffen hat mit allem, was ich bin und kann!" Nach der christlichen Tradition ist kein Mensch bloß ein zufälliges Produkt der Natur. Heute bekennen wir für Ihr Kind: Gott hat es geschaffen; Gott hat es gewollt.
Reinhard Mey kommt in dieser dritten Strophe auf seine Anfangsgedanken zurück, auf die großen Fragen des Lebens. Er spricht zunächst von dem „Schicksalshauch", der mit der Geburt des Kindes durch das Zimmer wehte.
Er will damit wohl andeuten, daß Eltern mit ihrem Kind Freud *und* Leid teilen werden. Durch die Herzensbeziehung (s. o.) durchleben Eltern intensiv alle Freude, aber auch alles Leid, das dem Kind widerfährt. Und dies ist für Reinhard Mey etwas Schicksalhaftes.
Wenn sich die Beziehung zu Ihrem Kind Tag für Tag vertiefen wird, dann werden Sie, liebe Eltern, vielleicht ähnlich fühlen. Alles Schöne, alles Erfreuliche, das Ihr Kind erfahren wird, wird auch Sie erfreuen. Alles Böse, was es erleiden muß, erleiden sie mit – z. B. wenn Sie eine Nacht am Bett Ihres Kindes durchwachen, weil es hohes Fieber hat.
Die heutige Taufe will Ihnen als Eltern sagen, daß ihr Kind nicht unter einer blinden Schicksalsmacht lebt, sondern unter dem gütigen Gott, der Ihr Kind halten und tragen will. Denn wenn ... ((NN)) ... jetzt gleich getauft wird, dann gilt für ihn/sie die Zusage von Gott: „Ich bin bei dir. Ich kenne dich mit Namen, denn ich habe dich gemacht. Ich gehe mit dir, ich weiche nicht von deiner Seite. Du gehörst zu mir." Wir vertrauen darauf, daß Gott auch bei all dem Bösen, was Ihrem Kind vielleicht widerfahren sollte, nicht fern ist, sondern es in aller Not bewahren will.
Der Glaube an Gott hilft einem Menschen auf seinem Lebensweg. Und wir hoffen, daß durch Ihre Erziehung und die Begleitung der Paten Ihr Kind eines Tages auch in den Glauben hineinwächst. Dann wird auch für Ihr Kind Gott zu einer erfahrbaren Lebenshilfe. Ihr Kind kann die Widrigkeiten und Mühen bestehen, von denen Reinhard Mey am Anfang des Liedes singt.
Seinen Mut fürs Leben gewinnt er selber offensichtlich nicht aus dem Glauben an Gott, sondern aus seinem Kind. Für einen kurzen Moment nämlich wurde ihm ein „Geheimnis" erschlossen. Die Geburt seines Kindes ist die Antwort auf die Frage nach dem *„Sinn und Widersinn der Welt"*, auf die Frage nach *„der Hoffnung, die uns aufrecht hält, trotz all der Mühen, die wir ertragen."*

Das Kind vermag ihm, dem Vater, eine Hoffnung zu geben für die kommenden Tage und Jahre.
Wie ist dies gemeint? Das Kind ist ihm anvertraut. Es muß jemand da sein, der das Kind in das Leben einführt. Diese Aufgabe will Reinhard Mey auf sich nehmen. Er will seinem Kind den Lebensweg ebnen, Perspektiven zeigen, Chancen eröffnen, seine Gaben fördern. Und dafür ist er auch bereit, Leid und Schmerz auf sich zu nehmen, die Widrigkeiten des Lebens zu tragen, von denen ein jedes Leben betroffen ist. Für Reinhard Mey ist es das Kind, das ihm immer wieder Mut macht und das ihm die Kraft gibt, alle Lebenslagen zu ertragen, auch die schwereren.
Kann das eigene Kind einem Menschen Hoffnung über das ganze Leben hinweg geben, Hoffnung im Leben und im Sterben? Hält dieser Gedanke von Reinhard Mey der Wirklichkeit stand? Ist er an dieser Stelle ehrlich genug, oder spricht er so, weil er nichts anderes zur Hand hat?
Reinhard Mey schöpft seine Hoffnung letztlich aus dem, was er vorfindet. Ein Kind kann gewiß sehr viel Halt und Hoffnung geben. Und vielleicht gibt Ihr Kind ja auch Ihnen einiges an Hoffnung für Morgen. Das darf auch so sein. Aber diese Hoffnung allein ist zu schwach, um alle Lebenssituationen ertragen zu können.
Der Mensch, der an Gott glaubt, er schöpft seine Hoffnung nun gerade nicht aus dem, was er vorfindet. Sein Halt kommt von Gott. *„Ich hebe meine Augen auf zu den Bergen. Woher wird mir Hilfe kommen? Meine Hilfe kommt von dem Herrn, der Himmel und Erde gemacht hat“*, betet ein Mensch in einem Psalm der Bibel (Psalm 121).
Die tragfähige Hoffnung liegt nicht im Menschen selbst, nicht (oder zumindest nicht nur) in unseren Kindern, sondern außerhalb von uns. Unser Halt liegt in Gott, dem Schöpfer unseres Lebens.
Gott umfängt unser Leben in seiner Ganzheit, in allen Abschnitten unseres Lebens.
Gott will uns im verborgensten Schmerz spürbar nahe sein.
Gott kennt uns durch und durch. Ihm sind alle unsere Wünsche, Sorgen und Ängste vertraut.
Gott kann helfen, die Mühen zu ertragen.
Gott ist das Leben, das im Sterben uns auffängt.
Durch die Taufe und durch den Glauben sind wir „verbündet“ mit Gott; haben wir ihn an unsere Seite gebracht.
Amen.

Taufansprache für Eltern und Jugendliche zu einer Konfirmandentaufe

Bei dem Lied von Marius Müller-Westernhagen handelt es sich um „Jesus“ – es befindet sich auf der CD „Radio Maria“ (Monkey Music. Kick. Publishing. Edition 1997, Titel Nr. 1). Vor der Ansprache sollte ruhig das gesamte Lied vorgespielt werden.
Westernhagen fleht in seinem Lied „Jesus“ um den Einlaß ins *„Himmelreich“*. Er vergeht förmlich vor Sehnsucht. Westernhagen redet in diesem Lied nicht *über* Jesus; er diskutiert nicht *über* ihn. Vielleicht hat er es eine Zeitlang gemacht: über Jesus nachgedacht, über ihn geredet, sich mit anderen über seine Worte und Wunder unterhalten.
Dieses Lied aber ist ein *Gebet* an Jesus. Westernhagen merkt, daß an diesem Jesus etwas dran ist, was er von ihm unbedingt haben will. Er hat entdeckt, daß Jesus *das Leben* ist. Das ist das Besondere, das Jesus auszeichnet; er gibt dem Leben eines Menschen noch einmal eine ganz neue Lebensqualität. Und dieses neue Leben will Westernhagen für *sich* haben. Deshalb singt er: *„Jesus. Schenk* ***mir*** dein Leben“, ... „laß ***mich*** ein in dein Himmelreich.“ Darum geht es ihm: um *eine eigene* Begegnung mit Jesus. Es geht ihm ums Leben, um nichts weniger.

Du, lieber/liebe ... NN ... läßt dich heute taufen. Du tust diesen Schritt bewußt. Du hast einiges gehört über Jesus. Du bist informiert und hast dir Kenntnisse über den christlichen Glauben erworben.
Aber mit deiner Taufe gehst du einen entscheidenden Schritt weiter. Auch du willst nicht nur über Jesus reden oder über ihn nachdenken. Jesus soll in *dein* Leben kommen mit seinem Leben. Was geschieht, wenn Jesus und du zueinanderfinden?
Westernhagen formuliert das so: *„Jesus. Schenk mir dein Leben. Ich geb dir meines dafür.“* Damit hat Westernhagen sehr treffend erfaßt, um was es im Glauben und in der Taufe geht.
Mit deiner Taufe und deinem Glauben vollzieht sich ein großer *Tausch* in deinem Leben. Alles, was Christus ist und hat, das wird dir zugeeignet. Und alles, was dich quält, belastet, all das, was an Schuld und Versäumnis an dir haftet, das nimmt Jesus auf sich. Du bist sein – und er ist dein: Das geschieht, wenn du getauft wirst.
Du bist sein – und er ist dein: Das geschieht, wenn du an Christus glaubst. In einem Punkt aber unterscheidest du dich von Westernhagens Lied: Was Westernhagen für sich von Jesus erbittet und erhofft, das wird für dich mit deiner Taufe und mit deinem Glauben schon *Wirklichkeit:* Jesus,

er *schenkt* dir sein Leben. Er macht dir Mut, wenn du an dir zweifelst; er macht dich stark, gerade wenn du dich schwach fühlst; er steht zu dir, auch wenn du dich manchmal selbst unausstehlich findest; ihm kannst du alles sagen, was dich betrübt und was dich jubeln läßt. Jesus *ist* dein Leben, er wird es nicht erst.
Westernhagen erbittet und erhofft sich den Einlaß ins Himmelreich. Also fühlt er sich noch als ein Draußenstehender. Jesus scheint ihm das Leben noch nicht geschenkt zu haben. Im Lied klingt durch, als ob Jesus Bedenken habe, Westernhagen in sein Himmelreich aufzunehmen. Tag und Nacht klopft Westernhagen an die Tür. Aber Jesus scheint auf ‚taub zu machen'.
Westernhagen will an alle möglichen Türen weiter anklopfen, und wenn er bis zur *„Himmelstür"* gehen muß. Niemals will er *„aufgeben"*.
Westernhagen macht Jesus wegen seines Zögerns Vorhaltungen: Er nennt sein Verhalten *„feige"*. Er versucht ihn umzustimmen, ihn aus der Reserve zu locken, indem er Jesus zuruft: *„... du mußt es nur wollen"*. Will Jesus etwa nicht? Hat Jesus Vorbehalte gegen bestimmte Menschen? Jesus und Westernhagen, ein zu ungleiches Paar; ein Paar, das nicht recht in das Himmelreich paßt? Sollte die Kombination Jesus – der Prediger und Westernhagen – der Sänger zu schräg sein, als daß sich für ihn die *„Himmelstür"* öffnet? Sollte es Menschen geben, die Jesus nicht so liegen; Menschen, mit denen er nicht so gerne in Kontakt treten möchte?
Wir könnten uns fragen, du, der/die du getauft wirst und wir, die Getauften, ob wir denn die geeigneteren Partner für Jesus sind? Könnte Jesus nicht bei jedem/jeder von uns Vorbehalte anmelden?
Mit der Taufe wird aber gerade dies noch einmal deutlich: Bei Gott gibt es *keine* Vorbehalte. Er nimmt den Menschen an, der zu ihm kommt. Er liebt uns, vorbehaltlos.
Mit deiner Eigenart nimmt Gott dich an.
Mit deinen Ecken und Kanten nimmt Gott dich an.
Mit deiner ganzen Zerrissenheit nimmt Gott dich an.
Mit deiner ungeordneten Gefühlswelt nimmt Gott dich an.
Warum hat Westernhagen den Eindruck, daß seine anständige Bitte: *„... Laß mich ein in dein Himmelreich"* nicht erhört wird? Wird er wirklich nicht eingelassen werden?
Vielleicht braucht Westernhagen gar nicht mehr zu bitten und zu klopfen, weil er schon längst eingelassen *wurde*. Seine Bitte *ist* schon erhört. Er braucht nur noch darauf zu vertrauen. Er soll sich einfach darauf verlassen, daß er angenommen ist.

So ist es ja auch bei Dir, lieber/liebe ... NN ...: Du vertraust darauf, daß du mit deiner Taufe von Gott angenommen bist. Du verläßt dich darauf, daß Jesus dir sein Leben schenkt, heute und jeden Tag von neuem. So beginnt nämlich der Glaube an Gott, indem ein Mensch für sich bejaht, daß er von Gott schon bejaht ist. Ein glaubender Mensch hält sich für einen, bei dem sich der große Tausch bereits vollzogen *hat.*
Und dann werden die Erfahrungen mit Gott kommen. Wie solch eine Erfahrung mit Gott aussehen kann, das beschreibt auch Westernhagen mit einigen Zeilen in seinem Lied: *„ Jesus. Wir sind die Helden.“* Helden wollen sie sein, Jesus und Westernhagen. Und wenn der Rest der Welt es nicht für möglich hält, sie beide werden es *„der Welt beweisen“.*
Mit Jesus „die Helden“ sein. Das wird auch deine Erfahrung werden, lieber/liebe ... NN ..., wenn du nun getauft wirst und an Christus dein Vertrauen „hängst“.
Jesus und du, ihr seid die Helden,
weil du den gefunden hast, der den tödlichen Trott
deines Alltages besiegt hat;
weil du den gefunden hast, der in deinen Schwachheiten mächtig ist;
weil du den gefunden hast, der es gut mit dir meint;
weil du den gefunden hast, der an deiner Seite steht,
wenn du dich unverstanden fühlst;
weil du den gefunden hast, der dir sagt, wer du bist.
„Wir sind die Helden.“ Martin Luther würde wohl eher sagen: *„ Wir sind Bettler.“* Und im Grunde bettelt auch Westernhagen in seinem Lied. Er bettelt um den Einlaß in den Himmel Gottes. Er bettelt um das Leben, das nur bei Jesus Christus zu finden ist. Wir sind *„bettelnde Helden“.*
Wir sind Helden, weil Christus in uns lebt. Wir sind Bettler, weil Christus umsonst in unser Leben kommt. Wir können uns den Christus nicht verdienen. Alles ist ein Geschenk.
Wir sind Helden, die betteln; das ist wahr.
Amen.

Altersgerechte Tauf- und Glaubensbekenntnisse

Das Aufsagen von Bekenntnisformeln hatte seinen Sitz im Leben im Taufunterricht erwachsener Menschen, die zum Christentum überwechseln wollten. An diesen erwachsenen Menschen orientierte sich der Ablauf des Taufgeschehens, das sich in den ersten vier Jahrhunderten zu einem komplexen Ritual herausbildete. Die Übergabe des Glaubensbekenntnisses wurde feierlich während der Vorbereitungsphase vollzogen; es mußte unmittelbar vor der Taufe vom Täufling auswendig aufgesagt werden.
Seit dem Aufkommen der Säuglingstaufe sprechen die Eltern und Paten (zusammen mit der Gemeinde) das apostolische Glaubensbekenntnis stellvertretend für den Täufling.
Wie könnte dieser etwas in Hintergrund geratene urkirchliche Zusammenhang von Taufe und Glaubensbekenntnis wiederbelebt werden? Es könnte dadurch geschehen, daß verstärkt Taufbekenntnisse bei einer Tauffeier verwendet werden.
Wer dann auch noch verschiedene Tauf- und Glaubensbekenntnisse zur Auswahl hat, der kann zudem bei der Gestaltung des Taufgottesdienstes auf das Alter der zu Taufenden Rücksicht nehmen. Und das ist für das Erleben von Taufe sehr bedeutsam; denn wiederum gilt: Nur was ein Kind versteht, das kann es annehmen, speichern und später für sich „erinnern".

1. EIN TAUFBEKENNTNIS FÜR DIE TAUFE VON KINDERN IM KINDERGARTENALTER

Ich trage einen Namen,
bei dem der Herr mich nennt.
Du rufst mich in der Taufe,
damit auch ihr mich kennt.

In christlicher Gemeinde
mich aufnehmt, wie ich bin,
weil Gott mich angenommen.
Gott ruft mich selbst hierin.

So ist es durch die Taufe
mit dir und mir geschehn:
Ich darf mit Christus leben
Und mit ihm auferstehn.

Und weil dich meine Schwäche
nicht stört und du mich liebst,
nehm ich auch meinen Nächsten
so an, wie du ihn gibst.

So trag ich meinen Namen,
bei dem du, Herr, mich nennst,
und weiß, daß du mich immer
mit meinem Namen kennst.

2. EIN TAUFBEKENNTNIS FÜR ELTERN BEI EINER SÄUGLINGSTAUFE

Liebes Kind, wir sind heute an einem besonderen Ort;
an einem Ort, an dem Gott zu uns spricht,
und wo wir mit ihm reden durch unsere Lieder und Gebete.
Wir sind froh, daß du geboren bist.
Viele Menschen haben uns geholfen und freuen sich mit uns.
Aber Gott danken wir,
weil er der Ursprung allen Lebens ist.

Liebes Kind, du bist nicht allein auf dieser Welt.
Viele Freunde sollst du finden,
die dir dann und wann zu Rate stehen.
Aber Gott vertrauen wir,
daß er unserem Kind nahe ist, wie kein Mensch
einem anderen nahe sein kann.
Deshalb wollen wir dich taufen.
Es soll nichts mehr zwischen dir und Gott stehen.
Mit Christus wirst du auferstehn.
Du in Christus, Christus in dir,
das ist das Geheimnis deiner Taufe.
Du trägst einen Namen, mit dem wir dich rufen.
Auch Gott ruft dich mit Namen,
denn mit der Taufe bist du sein.
Er hat dich in seine Hand geschrieben,
er läßt dich nicht allein.
An vielen Stationen deines Lebens
werden wir dir helfen können.
Wir vertrauen darauf,
daß auch Gott dich hindurchträgt
durch die Sturmfluten im Leben.
Wir vertrauen darauf, daß er dich dann bewahre;
daß er stark in dir ist, wenn du dich schwach fühlst;
daß er Hoffnung weckt, wenn du zweifeln wirst;
daß du seine Liebe spürst, wenn du Lieblosigkeit erleiden mußt.
Du sollst wissen: Wir sind für dich da.
Gott möge dich behüten auf allen deinen Wegen.
Sein Geist möge in dir einst den Glauben schenken und erhalten,
damit du erlebst, was wir heute bekennen.
Amen.

3. EIN GLAUBENSBEKENNTNIS FÜR DIE TAUFE VON KINDERN IM GRUNDSCHULALTER

Ich glaube an Gott, der die Welt gemacht hat:
die großen Wolken und den sanften Wind,
das weite Meer und den kleinen Bach,
die hohen Berge und die weichen Wiesen,
alle Tiere dieser Erde, alle Menschen dieser Welt.
Ich glaube, daß Gott auch mich gemacht hat.

Ich glaube an Jesus, Gottes Sohn:
Von Gott hat er erzählt und Kranke geheilt,
Traurige getröstet und Schwache aufgerichtet;
Kinder hat er in seine Arme genommen.
Er ist gestorben und auferstanden.

Ich glaube an den Heiligen Geist, den guten Geist von Gott:
Gottes guter Geist macht es,
daß ich und andere an Gott glauben können.
Durch den Heiligen Geist ist Gott mir ganz nah.

4. DAS GLAUBENSBEKENNTNIS, IM WECHSEL ZU SPRECHEN, FÜR DIE TAUFE VON KINDERN IM KINDERGARTEN- UND GRUNDSCHULALTER

Ich glaube an Gott, den Vater,
den Allmächtigen,
den Schöpfer des Himmels und der Erde.

Ich sehe deine Welt. Alles ist voller Leben.
Die Vögel singen, die Fische schwimmen, die Tiere laufen herum.
Du hast auch mir das Leben gegeben. Jeden Morgen wache ich auf.

Ich glaube an Jesus Christus,
seinen eingeborenen Sohn, unsern Herrn,
empfangen durch den Heiligen Geist,
geboren von der Jungfrau Maria,

Jesus ist wie ich als Baby auf die Welt gekommen.
Aber er war ein besonderer Mensch.

Er konnte tun, was Gott nur kann.
Was von ihm erzählt wird, höre ich gerne.

gelitten unter Pontius Pilatus,
gekreuzigt, gestorben und begraben,
hinabgestiegen in das Reich des Todes,
am dritten Tage auferstanden von den Toten,

Jesus starb wie ein Mensch, aber er blieb nicht tot.
Gott hat den Tod besiegt.
Gott hat ihm ein neues Leben gegeben.
Das hat Gott für mich getan.
Auch mir will er ein neues Leben geben.

aufgefahren in den Himmel;
er sitzt zur Rechten Gottes, des allmächtigen Vaters;
von dort wird er kommen, zu richten die Lebenden und die Toten.

Wenn mir Unrecht geschieht,
und kein Mensch hilft mir – Gott weiß es.
Wenn Menschen Böses mir antun,
und ich kann mich nicht wehren – Gott sieht es;
und Gott wird dies zur Sprache bringen. Das wird mir guttun.

Ich glaube an den Heiligen Geist,
die heilige christliche Kirche,
Gemeinschaft der Heiligen,
Vergebung der Sünden,
Auferstehung der Toten
und das ewige Leben.

Gott ist bei mir durch seinen Geist.
Er ist in mir, er belebt mich, er macht mir Mut.
Ich bin nicht allein auf dieser Welt.
Zusammen mit vielen anderen Menschen glauben wir an Gott.

Amen.

5. DAS GLAUBENSBEKENNTNIS, IM WECHSEL ZU SPRECHEN, FÜR DIE TAUFE VON JUGENDLICHEN

Ich glaube an Gott, den Vater,
den Allmächtigen,
den Schöpfer des Himmels und der Erde.

Man sagt, die Welt sei ohne dich entstanden.
Man sagt, das Leben habe sich von selbst entwickelt.
Man sagt, es kam ohne deine Hilfe vom Chaos zum Kosmos.
Was bin ich dann: nur eine Laune der Natur,
ein unbedeutendes Rad im Getriebe der Welt?
Du, Gott, hast mich geschaffen mit oder ohne Urknall!
Mit meinen Gefühlen, meinem Verstand und mit meinen Begabungen
hast du mich ausgestattet.
Ich bin ich.
Ich bin nicht austauschbar; kein Zufallsprodukt
mit begrenztem Haltbarkeitsdatum.
Ich bin einmalig; eine Sehenswürdigkeit.
Gott, du hast mich wunderbar gemacht.

Ich glaube an Jesus Christus,
seinen eingeborenen Sohn, unsern Herrn,
empfangen durch den Heiligen Geist,
geboren von der Jungfrau Maria,
gelitten unter Pontius Pilatus,
gekreuzigt, gestorben und begraben,
hinabgestiegen in das Reich des Todes,
am dritten Tage auferstanden von den Toten,
aufgefahren in den Himmel;
er sitzt zur Rechten Gottes, des allmächtigen Vaters;
von dort wird er kommen, zu richten die Lebenden und die Toten.

Man sagt, du warst ein Gammler, der durch die Lande zog.
Man sagt, du warst ein Spinner auf religiösem Gebiet.
Man sagt, du warst ein Revolutionär,
der die gültigen Maßstäbe der Gesellschaft
auf den Kopf gestellt hat.
Man sagt, du warst ein weiser Lehrer, der gescheitert ist.
Doch du, Jesus, du läßt dich in kein Schema zwängen.
Du bist du.
Du hast Worte des Lebens für mich.

Du hast keinen von dir weggestoßen.
Bei dir kann ich ehrlich werden.
Du nimmst mich an mit meinen Stärken und Schwächen.

Ich glaube an den Heiligen Geist,
die heilige christliche Kirche,
Gemeinschaft der Heiligen,
Vergebung der Sünden,
Auferstehung der Toten,
und das ewige Leben.

Man sagt, die Kirche ist am Ende.
Man sagt, die Christen geben nur vor, etwas zu sein, was sie nicht sind.
Man sagt, die Frömmigkeit bringt nichts.
Guter Geist von Gott, ich merke, daß du da bist.
Ich ahne, fühle, spüre dich in mir.
Du durchströmst mich wie ein frischer Wind.
Ich atme neuen Mut,
es keimt in mir eine Hoffnung,
ich komme dem Sinn für mein Leben auf die Spur.
Ich sehe, wie du Menschen verwandelst
an allen Orten dieser Erde
– und fängst bei mir an.

Amen.

TAUFURKUNDE

Liebe Eltern!

Herzlichen Glückwunsch zur Taufe Ihres Kindes! Diese Taufurkunde möchten wir Ihnen zur Erinnerung an die heutige Taufe schenken.
Auf der Vorderseite sehen Sie Fußspuren. Auf den eigenen Füßen stehen, das Leben eines Tages selbst meistern können, dahin soll Ihr Kind kommen. Dazu braucht Ihr Kind am Anfang Fußspuren, die bereits da sind; sie heißen Liebe, Trost, Zeit, Wärme, Hoffnung, Sprache, Vertrauen. In diese Fußspuren kann Ihr Kind treten und Schritte in seine Welt hinein wagen; immer selbständiger mit seinen eigenen Füßen.
Mit der heutigen Taufe wollen Sie Ihrem Kind aber auch noch eine andere Fußspur aufzeigen: die „Fußspur Gottes". Gott setzt mit der Taufe seine Fußspur neben Ihr Kind und sagt: „Ich habe dich lieb. Ich gehe an deiner Seite und werde für immer dein Freund sein."
Wenn Ihr Kind bei Ihnen spürt, daß Sie als Eltern Vertrauen haben in das Leben, dann kann Ihr Kind auch Vertrauen gewinnen in das Leben, das vor ihm liegt.
Wenn Sie Ihr Kind spüren lassen, daß es geliebt wird, dann wird auch Ihrem Kind gewiß, daß es Liebe gibt in seinem Leben.
Wenn Ihr Kind an Ihrem Verhalten merkt, daß Sie eine Hoffnung haben, dann wird es selber in seinem Leben hoffen können.
Und wenn Sie Ihrem Kind von Gott erzählen, mit Liedern, Geschichten und Gebeten, dann kann Ihr Kind zum Glauben an Gott durchdringen und bekennen:
„Die Liebe, die ich erlebe, sie ist nicht nur für eine bestimmte Zeit für mich da, sondern immer; solch eine beständige Liebe kann nur von Gott selbst kommen. Ich weiß mich von Gott geliebt. Meine Hoffnung, sie entspringt nicht aus mir selbst, sondern Gott gibt meinem Leben eine tiefe Zuversicht. Mein Vertrauen in das Leben, es ist da, weil ich mich geborgen glaube in Gott, der um mich weiß und mich durch das Leben trägt."
Der Glaube an Gott gibt Mut zum Leben; den Mut, Schritte mit seinen eigenen Füßen in das Leben hinein zu wagen.

ZUR TAUFE VON

Vor- und Zuname . . . .

Geboren bist Du am . . . . in . . . .

Getauft wurdest Du am . . . .

in der . . . . Kirche in . . . .

Dein Taufspruch lautet: . . . .

. . . .

. . . .

. . . .

. . . .

. . . .

. . . .

. . . .

Deine Taufpaten heißen: . . . .

. . . .

. . . .

Ort/Datum Pfarrer/in

„Segensgebet“

Noch ehe deine Füße
eigene Schritte tun,
weiß Gott den Weg für dich
und führt dich deine Pfade.

Noch ehe deine Lippen
die ersten Worte sprechen,
ist Sein Wort über dir,
sagt: Du bist mein.

Noch ehe das Leben dich
fordernd empfängt,
weiß Er sich gefordert,
deine Hilfe zu sein.

Noch ehe du antworten kannst,
umhüllt dich Sein Segen.
Er bleibe bei dir.
Sein Friede geleite dich,
Seine Güte erfreue dich,
Seine Kraft stärke dich,
Seine Gnade erhalte dich,
Seine Treue bewahre dich,
Sein Segen weiche nicht
von dir!

Wilma Klevinghaus

PATENBRIEF

(Vor- und Nachname) . . . .

hat die Patenschaft übernommen

für . . . .

geboren am . . . .

getauft am . . . .

in der . . . . Kirche in . . . .

. . . .

Ort/Datum Pfarrer/in

Liebe Patin, lieber Pate!

Herzlichen Glückwunsch zu Ihrer Patenschaft!

Wer wie Sie eine Patenschaft übernehmen darf, fühlt sich geehrt; denn die Eltern Ihres Patenkindes haben Sie für geeignet und würdig empfunden, Sie in ein besonderes Verhältnis zu ihrem Kind zu stellen, was nur wenigen zuteil wird. Darin drückt sich auf Seiten der Eltern ein Vertrauen und oft auch eine Hoffnung aus.
Die Eltern vertrauen darauf, daß Sie Anteil nehmen am Geschick des Kindes, daß Sie Ihre Erfahrungen, Ihre Vorzüge und Gaben auch Ihrem Patenkind zugute kommen lassen. Die Eltern verstehen Ihre Patenschaft als eine Form der Lebensbegleitung. Die Hoffnung vieler Eltern ist, daß ihr Kind auch durch Ihre Begleitung als Pate/Patin einen Mut zum Leben bekommt; den Mut, der sich darin zeigt, daß ein Kind selbständig Schritte wagt im Vertrauen darauf, daß sein Weg gut ist.
Die Patenschaft hatte schon immer auch einen religiösen Aspekt. Sie sollen Ihr Patenkind ermuntern, sich auch mit der Frage des christlichen Glaubens zu beschäftigen. Wie könnten Sie bei dieser Aufgabe vorgehen?
Eine entscheidende Hilfe für Sie könnte da sein, sich an den kirchlichen Festen und Bräuchen zu orientieren. Die kirchlichen Feste im Kirchenjahr bringen bereits die wesentlichen Aussagen des christlichen Glaubens auf den Punkt; aus diesem Fundus können Sie schöpfen und das weitergeben, was Generationen vor uns an Bräuchen überlegt und an Gedanken festgehalten haben.
Spüren Sie doch einfach diese Feste wieder auf, wie und warum wir zum Beispiel die *Adventszeit* mit Kranz und Kerzen feiern; lassen Sie Ihr Patenkind erzählen, wie es die Adventszeit erlebt.
Sie können am 6. Dezember an den *Nikolaustag* anknüpfen und etwas über diesen interessanten Bischof aus dem 4. Jahrhundert berichten.
Die *Weihnachtsgeschichte*, die von der Geburt Jesu erzählt, enthält viele Facetten, die Kinder spannend finden: zum Beispiel die Engel, die Schafhirten auf den Feldern, den römischen Kaiser, Maria und Joseph und ihre lange Reise, das Baby in dem Futtertrog der Tiere.

In der *Osterzeit* erinnern sich die Christen an Christus, daß er gestorben ist und den Tod überwunden hat. Wir feiern das Leben und unsere Hoffnung, nicht alleine gelassen zu werden im Leben und im Sterben.
An *Pfingsten* feiern die Christen die Geburtsstunde der Kirche; Sie können Ihrem Patenkind eine schöne Kirche zeigen; sprechen Sie mit Ihrem Patenkind darüber, wie ihm/ihr wohl seine eigene Kirche gefällt. Wir erinnern uns an den Pfingsttagen daran, daß der Geist Gottes auch in uns lebt und unserem Leben Mut und Hoffnung macht.
Im Herbst denkt die Christenheit am *Erntedankfest* an unsere Erde und an das, was sie uns gibt. Wir sagen Gott Dank dafür.
Und wenn Ihr Patenkind im November mit einer Laterne umherzieht, dann hört es wohl auch die Geschichte vom *Sankt Martin*, dem christlichen Soldaten aus dem 4. Jahrhundert, der seinen Mantel mit einem Bettler teilt.
Kinder fragen eines Tages auch nach dem Tod. Am letzten Tag im Kirchenjahr, am *Ewigkeitssonntag*, besinnen sich die Christen auf den Tod, nicht, um sich die Lebensfreude nehmen zu lassen, sondern um sich zu vergewissern, daß die Toten bei Gott leben.
Die Patenschaft gleicht einer Entdeckungsreise, auf die Sie sich mit Ihrem Patenkind begeben können; und oft entdecken beide etwas sehr Wertvolles für ihr Leben.
Gottes Segen auf dieser Reise!

Foto vom Tauftag mit Täufling und dem Paten/der Patin

Anregung für einen Brief an das Patenkind/ die Eltern zum 1. Tauftag, wenn die Taufe in zeitlicher Nähe zur Geburt stand:

Liebe/r . . . . !

Heute, genau vor einem Jahr bist Du getauft worden. Herzlichen Glückwunsch zu Deinem Tauftag!

Mit Deinen Eltern freue ich mich, daß Du geboren bist. Bei Deiner Taufe warst Du noch ganz klein. In der Kirche haben aber alle gesehen, daß Du da bist. Du hast Dich auch deutlich bemerkbar gemacht. Auch Gott hat gesehen, daß Du da bist. Er weiß, daß Du zusammen mit Deiner Mama und Deinem Papa (und mit Deinen Geschwistern) in . . . . wohnst.

Genauso, wie Deine Mama und Dein Papa Dich liebhaben, so hat auch Gott Dich lieb. Gott hat Dich in seine guten Arme genommen und gesagt: „Ich freue mich, daß Du geboren bist. Ich will bei Dir sein und immer bei Dir bleiben."
Diese Worte sind bei Deiner Taufe gesagt worden. Diese Worte sind so wichtige Worte für Dich, daß ich Dich heute daran erinnern möchte. Heute ist Dein Tauftag, ein Tag, an dem Du Dich freuen kannst.

Grüße bitte Deine Mama und Deinen Papa herzlich von mir,
Dein/Deine Patenonkel/Patentante

Anregung für einen Brief an das Patenkind (im Alter von 3 bis 6 Jahren) zum Tauftag:

Liebe/r . . . . !

Heute, vor . . . . . . Jahr(en) bist Du getauft worden. Wir waren gemeinsam in . . . . in der Kirche.
Dort hast Du viele Worte gehört, viele Farben gesehen. Wir haben viele Lieder gesungen.
In der Kirche stand ein Taufbecken. Deine Eltern und ich als Dein Taufpate/Deine Taufpatin haben uns um das Taufbecken gestellt. Mit dem Wasser im Taufbecken bist Du getauft worden. Dreimal hat der Pfarrer Dir Wasser über Deinen Kopf gegossen. Er hat ein gutes Wort zu Dir gesagt und seine Hand auf Deinen Kopf gelegt. Deine Eltern haben einen Taufspruch ausgesucht; das ist ein Wort aus der Bibel, das Dich in Deinem Leben begleiten soll. Dein Taufspruch lautet so: . . . .
. . . .

Dann hast Du auch noch eine große Taufkerze geschenkt bekommen. Wir haben sie an der Altarkerze angezündet und sie aufgestellt. Von Deiner Taufe hast Du selbst kaum etwas mitbekommen. Du warst sehr klein. Aber all das, was dort in der Kirche geschehen ist, das hat eine tiefe Bedeutung. Die Taufe, die Kerze, der Taufspruch, die Lieder, der Segen, all das sind Hilfen für uns und Dich, die Dir sagen: Gott hat Dich lieb. Er kennt Dich und weiß Deinen Namen. Er behütet auch Dich und geht mit Dir mit.
Vielleicht kannst Du meinen Brief schon selber lesen. Wenn nicht, ist das nicht schlimm; denn ich habe da eine Idee: Deine Eltern lesen Dir den Brief einfach vor und heben ihn gut für Dich auf. Und später kannst Du ihn selber lesen.

Natürlich habe ich auch daran gedacht, Dir ein kleines Geschenk mitzuliefern. Ich hoffe, der/die/das . . . . macht Dir etwas Freude.

Viele Grüße von Deinem Taufpaten/Deiner Taufpatin!

Kirchliche Lebensbegleitung nach der Taufe

1. EIN TAUFERINNERUNGSGOTTESDIENST NACH EINEM JAHR

Zunächst einige Vorbemerkungen:
Die getauften Kinder und ihre Eltern können besser in die Kirchengemeinde hineinwachsen, wenn ihnen vor Ort eine kontinuierliche Begleitung angeboten wird, die über die Taufe hinausreicht.
Eine solche erste Station kontinuierlicher Lebensbegleitung kann ein Tauferinnerungsgottesdienst sein, der einmal im Jahr zu einem festen Zeitpunkt stattfindet. Als Termin bietet sich der Osterfestkreis an, der in der christlichen Tradition schon früh mit der Taufe in Verbindung stand.
Den Tauferinnerungsgottesdienst in die Zeit der Osterferien zu legen ist ungünstig, da viele Eltern in dieser Zeit Urlaub machen. Günstig ist zum Beispiel der erste Sonntag nach den Osterferien. Alle von Ostern des letzten Jahres an bis einige Wochen vor den Osterferien des laufenden Jahres getauften Kinder werden angeschrieben.

Ein Vorschlag für einen Einladungsbrief
In einer rheinischen Kirchengemeinde hat sich neben dem oben erwähnten Termin der Brauch bewährt, das jeweilige Taufjahr thematisch unter ein christliches Symbol zu stellen. Dazu werden aus Pappe oder Moosgummi Vorlagen von einem zuvor ausgewählten Symbol (Stern, Fisch, Schaf) hergestellt. Auf das Symbol werden der Name des getauften Kindes, sein Geburtsdatum, sein Tauftag und der Taufspruch geschrieben.
Bis zum Tauferinnerungsgottesdienst bleibt das Symbol sichtbar in einer Kirche an einer ausgesuchten Stelle an der Wand hängen. Mit der Zeit füllt sich die zu behängende Wand mit immer mehr Fischen oder Sternen, bis sie dann im Tauferinnerungsgottesdienst an alle Anwesenden wieder verteilt werden.
Sinn dieser Aktion ist, daß zum einen die sonntägliche Gemeinde die neu hinzugekommenen Kinder bewußter wahrnimmt; zum anderen werden manche Eltern zusätzlich motiviert, zum Tauferinnerungsgottesdienst zu kommen. Denn bereits im Taufgespräch werden die Eltern über die geplante Aktion informiert und das Symbol während des Taufgottesdienstes für die Tauffamilie an die Wand aufgehängt.

Die Resonanz auf dieses besondere Angebot der Kirche ist meistens äußert zufriedenstellend. Etwa in der Kirchengemeinde Hochdahl kommen von den jährlich knapp 70 angeschriebenen Eltern etwa 40 % zum Tauferinnerungsgottesdienst und bringen neben ihren Kindern auch teilweise Freunde und Verwandte mit.

Am Tauferinnerungsgottesdienst sind sehr viele Kinder aus allen Altersstufen anwesend, angefangen vom Säugling, der erst wenige Monate alt ist, über Krabbelkinder, Kinder im Kindergartenalter bis hin zu Grundschülern und Jugendlichen. Bei der Gestaltung gilt hier in einem noch stärkeren Maße, daß die Struktur des Gottesdienstes „kurzatmig" ist und die Sprache kindgerecht; andernfalls entsteht unweigerlich eine kaum mehr zu bändigende Unruhe.
Aber noch ein anderer Faktor spielt eine entscheidende Rolle, damit der Tauferinnerungsgottesdienst mit Gewinn für alle Beteiligten ablaufen kann: die Frage, wie der Pfarrer sich auf den Gottesdienst vorbereitet und sich im Gottesdienst verhält. Er sollte den Ablauf nicht nur im Ringbuch stehen, sondern inwendig im Kopf haben, jederzeit wissen, was als nächstes Element vorkommt, um souverän bleiben zu können. Er sollte sich nicht zwischendrin hinsetzen und „abtauchen", sondern sollte die ganze Zeit über sichtbar gegenwärtig sein. Solange der Pfarrer (stehend) zu sehen ist, bleibt ein unsichtbarer Spannungsbogen erhalten; den Anwesenden wird signalisiert, weiterhin aufmerksam zu bleiben.
Der Tauferinnerungsgottesdienst bietet eine gute Gelegenheit, am Ende auf die kirchlichen Angebote hinzuweisen, die für die Lebenssituation dieser Familien interessant sind. Dabei lohnt sich der Aufwand, eine ansprechende Übersicht der Angebote (wie Krabbelgruppen, Kindergruppen, Kindergottesdienst, Krabbelgottesdienste, Elterngesprächskreise etc.) auf verschiedenfarbigem Papier auszuteilen. Mehr als drei Blätter sollten die Familien aber nicht bekommen; bei zu umfangreichen Informationen besteht die Gefahr, daß sie erst gar nicht gelesen werden.

„WEISST DU, WIEVIEL STERNLEIN STEHEN"

Beim folgenden Beispiel sind ein Jahr lang Sterne für die Getauften beschriftet und aufgehängt worden. Um dieses Symbol kreist thematisch der Tauferinnerungsgottesdienst.

ANKOMMEN

Orgelspiel

Begrüßung

Herzlich willkommen, liebe Kinder, liebe Eltern, Paten, Verwandte und Freunde.

Sie alle sind heute hierhergekommen, weil wir uns an die Taufe Ihres Kindes/Patenkindes erinnern wollen. Für manche ist die Taufe schon viele Monate her, einige sind erst vor kurzem getauft worden.

Das Thema dieses Gottesdienstes lautet: „Weißt du, wieviel Sternlein stehen?" Für jedes Kind, das im Laufe des letzten Jahres getauft wurde, haben wir hier in der Kirche einen Stern aufgehängt. Jetzt sind sie nicht mehr zu sehen; wo sie sind, das werdet ihr bald erfahren!

Lieder

„Kommt alle her, Halihalo" und „Vom Aufgang der Sonne"

Das erste Lied ist als motivierende Einstimmung gedacht. Das zweite führt in den Gottesdienst ein. Beide Lieder können mit Bewegungen gesungen werden. Sie sind zu finden in: Menschenskinderlieder, hg. v. der Beratungsstelle für Gestaltung von Gottesdiensten und anderen Gemeindeveranstaltungen, Frankfurt: 7. Aufl. 1990, Nr. 146 und Nr. 36.

Eingangswort

Wir feiern diesen Tauferinnerungsgottesdienst
im Namen des Vaters,
der uns das Leben geschenkt hat,
im Namen von Jesus Christus,
der uns Gottes Liebe gezeigt hat,
und im Namen des Hl. Geistes,
der unserem Leben Hoffnung gibt.

Psalm 139 mit gemeinsam gesprochenem Kehrvers

(Der Kehrvers kann kurz eingeübt werden.)

Du, Gott, kennst mich durch und durch.
Ganz gleich, wo ich bin: draußen auf der Wiese
oder allein auf meinem Zimmer,
du weißt es.
Ich gehe abends zu Bett,
oder ich stehe am Morgen auf,
du, Gott, bist bei mir.
Von allen Seiten umgibst du mich
Und hältst deine Hand über mir.
Du siehst ja all die Schritte, die ich mache.
Alle meine Wege sind dir bekannt.

Du weißt, was ich denke und fühle.
Dir brauche ich nichts vorzumachen.
Von allen Seiten umgibst du mich
Und hältst deine Hand über mir.
Ich kann es kaum glauben, daß du immer da bist.
Es gibt keinen Ort, an dem du nicht bist.
Überall, auf der ganzen Welt,
ja selbst ganz oben am Himmel bist du,
dort, wo Sonne, Mond und die Sterne leuchten;
und auch dort, wo noch nie ein Mensch hingekommen ist.
Von allen Seiten umgibst du mich
Und hältst deine Hand über mir.
Und wenn es mir nicht gut geht,
wenn alles wie dunkel um mich herum scheint,
bist du mir immer noch nah.
Wenn ich mich am liebsten ins letzte Loch verkriechen möchte,
dann weiß ich, daß du schon dort auf mich wartest.
Von allen Seiten umgibst du mich
Und hältst deine Hand über mir.

MEDITATIVE MITTE

Teil 1: Ein Bild anschauen

Eine Abbildung des *Sternenhimmels* wird als Dia/Folie/Plakat gezeigt. Sie ist leicht in Sachbüchern auffindbar. Das Sternbild „Orion" soll erkennbar sein. Die Betrachtung des Sternenhimmels ist eine erste Hinführung zum Thema.

Hier seht ihr den Himmel, wie ihr ihn abends beobachten könnt. Er ist voller Sterne! Manche sagen: Als ihr geboren wurdet, da war das wie ein neuer Stern, der am Himmel hinzugekommen ist.
Vor vielen tausend Jahren schon haben Menschen am Himmel Sternbilder entdeckt. Manche Sterne liegen so beieinander, daß diese Sterne wie der Umriß eines Menschen oder auch eines Tieres aussehen.
Mit ein bißchen Phantasie könnt ihr jetzt so ein altes Sternbild entdecken. Ihr müßt euch eine Linie denken, die von einem Stern zu einem bestimmten anderen Stern gezogen wird. Wenn ihr alle Sterne des Sternbildes verbunden habt, könnt ihr eine Figur erahnen.
Das hier zum Beispiel ist der Orion. Orion war so ein geheimnisvoller Mensch, sagten die Menschen früher. Er war ein schöner und riesiger Mann, ein starker Kämpfer, stark wie Pippi Langstrumpf.

Lied: „Wir sind die Kleinen in den Gemeinden" (mit Gitarre)

Das Lied ist zu finden in: Menschenskinderlieder, hg. v. der Beratungsstelle f. Gestaltung von Gottesdiensten und anderen Gemeindeveranstaltungen, Frankfurt: 7.Aufl. 1990, Nr. 105.

Teil 2: Ein Bild sehen und eine Geschichte hören

Eine Abbildung von Abraham unter dem Sternenhimmel wird als Dia/Folie/Plakat gezeigt. Als Kopiervorlage eignet sich die Zeichnung von Kees de Kort im: Bibelbilderbuch. Bd. 1, Stuttgart: Deutsche Bibelgesellschaft 1984, S. 66.

Gott hatte mit dem alten Abraham einen Bund geschlossen.
Gott sagte zu ihm: „Ich will dein Freund sein! Und alle, die zu dir gehören, alle deine Nachkommen, für die werde ich auch ihr Freund sein!"
Als Gott das dem Abraham gesagt hatte, hatte Abraham aber noch keine Nachkommen, keine Kinder gehabt. Und Abraham war schon sehr alt.
Er dachte: „Ich sterbe bestimmt kinderlos!"
Eines Abends geht Abraham aus seinem Zelt ins Freie. Er spricht mit Gott und sagt, daß er traurig ist.
Da sagt Gott zu ihm: „Schau hoch zum Himmel. Siehst du die vielen Sterne? Kannst du sie alle zählen? So zahlreich wie die Sterne am Himmel sollen deine Nachkommen sein!"

Liebe Eltern!
Die Taufe hat mit einem sehr alten Bund zu tun, den Gott schon im Ersten Testament mit Abraham als Urvater des jüdischen Volkes geschlossen hat. Jesus hat diesen Bund erneuert und für uns in seiner Nachfolge mit neuem Leben gefüllt. Die Taufe nimmt mich in diesen Bund mit Jesus und Gott hinein. Ich kann sagen: „Auch ich habe Gott zum Freund. Er geht mit mir mit wie damals bei Abraham. Gott will mich schützen wie Abraham damals."
Daß wir Gott zum Freund haben, das feiern wir heute. Gott zum Freund haben – dazu gibt es auch ein Lied.

Lied: „Kindermutmachlied" (mit Orgel)

Das Lied ist zu finden in: „Das Liederbuch für die ganz kleinen Leute", hg. vom Ev. Erwachsenenbildungswerk Nordrhein. Düsseldorf: 1999, S.59.

Teil 3: Aktiv werden

Kennt ihr das Märchen vom Sterntaler?
Ein Mädchen verschenkt ein Kleidungsstück nach dem anderen an arme Kinder, die jämmerlich frieren. Das Mädchen gibt sein letztes Hemd her.

Und als es nichts mehr hat und ganz arm dasteht, da fallen die Sterne vom Himmel, die es in einer Schürze auffängt. Sie waren aus purem Gold.
Es gibt zwar jetzt keine Sterne aus purem Gold, aber Sterne mit eurem Namen und eurem Tauftag. Einige Sterntalermädchen werden gleich hier vorne erscheinen. Und dann könnt ihr zu ihnen gehen und euch euren Stern heraussuchen. Danach setzt ihr euch wieder auf euren Platz.

Die Sterntalermädchen werden gerne von älteren Kindern gespielt, die bei der Vorbereitung für den Gottesdienst gewonnen werden müssen. Eine entsprechende Verkleidung wäre ein besonderer Blickfang für die anwesenden Kinder.
Bei sehr hohen Taufzahlen ist es sinnvoll, daß weitere Helfer/innen zur Seite sind, die beim Suchen der Sterne behilflich sind, um diese Aktion nicht zu lang werden zu lassen.

Teil 4: Ein Lied verstehen und singen

Es gibt auch Lieder über die Sterne. Kennt ihr eines?
(Die Kinder dürfen ihre Einfälle nennen.)
Ein sehr bekanntes Lied über Sterne ist das Lied: „Weißt du, wieviel Sternlein stehen“. In diesem Volkslied ist das zusammengefaßt, was ich eben zu Abraham und eurer Taufe gesagt habe: Da sind viele Sterne am Himmel, und Gott kennt sie alle. Er weiß ihre Zahl.
Auch du bist solch ein Stern, der zu Gott gehört. Und Gott weiß um dich! Das sagt dir deine Taufe.
Ja, mehr noch: In der letzten Strophe des Liedes heißt es: *„Gott im Himmel hat an allen/ seine Lust, sein Wohlgefallen,/ kennt auch dich und hat dich lieb./ Kennt auch dich und hat dich lieb.“* Gott hat seine Freude an dir. Er liebt dich, so wie du bist.
Und dieses Wissen um das Geliebtsein wird Ihrem Kind, liebe Eltern, liebe Paten, eine starke Stütze sein. Denn Ihr Kind kann leichter zu seiner Identität finden. Es ist nicht irgendein Junge, es ist nicht irgendein Mädchen. Gott hat Ihrem Kind seinen Atem gegeben. Es ist ein unverwechselbarer, einmaliger „Stern am Himmel“. Mit diesem Menschen hat Gott seinen ganz eigenen Weg, den so noch niemand davor gegangen ist.
Wir singen das Lied: „Weißt du, wieviel Sternlein stehen.“

Lied: „Weißt du, wieviel Sternlein stehen“ (mit Orgel)

SCHLUSS

Weißt du, wieviel Sternlein stehen

Text: Wilhelm Hey
Melodie: volkstümlich seit 1842

2. Weißt du, wieviel Mücklein spielen
in der heißen Sonnenglut,
wieviel Fischlein auch sich kühlen
in der hellen Wasserflut?
Gott, der Herr, rief sie beim Namen,
daß sie all ins Leben kamen,
daß sie nun so fröhlich sind.

3. Weißt du, wieviel Kinder frühe
stehn aus ihren Bettlein auf,
daß sie ohne Sorg und Mühe
fröhlich sind im Tageslauf?
Gott im Himmel hat an allen
seine Lust, sein Wohlgefallen,
kennt auch dich und hat dich lieb.

Gebet

Lieber Gott,
du wohnst nicht irgendwo in den Sternen,
sondern bist ganz nah bei uns.
Wir danken dir, daß du uns in deinen guten Bund aufgenommen hast.
Wir danken dir, daß du unser Freund bist.
Laß uns das nicht vergessen.
Schenke uns auch Freunde im Leben, mit denen wir gut auskommen,
die ehrlich und gut zu uns sind.
Danke für all die Freunde, die wir schon haben.
Behüte alle unsere Freunde. Behüte unsere Familie.
Amen.

Bekanntmachungen

Eine Einladung zu Kaffee und Saft im Gemeindehaus ist eine gute Gelegenheit, weitere Kontakte zu knüpfen oder bestehende zu vertiefen; sie ist auch ein Entgegenkommen an die Eltern, die Mitarbeiter/innen der verschiedenen Gruppenangebote kennenlernen und befragen können.

Vater unser

Segenslied: „Segne uns mit der Weite des Himmels“ (mit Orgel)

Dieses Lied nimmt im Refrain das Symbol „Stern“ noch einmal auf: „Segne, Vater, tausend Sterne, ...“. Das Lied ist zu finden in: „Das Liederbuch für die ganz kleinen Leute“, hg. vom Ev. Erwachsenenbildungswerk Nordrhein. Düsseldorf: 1999, S. 85.

2. EINE ELTERN-KIND-GRUPPE FÜR EIN- BIS DREIJÄHRIGE KINDER

Eine zweite Station kirchlicher Lebensbegleitung, die an die Taufe und den Tauferinnerungsgottesdienst anknüpfen kann, ist eine Eltern-Kind-Gruppe für Kinder zwischen ein und drei Jahren.
Sie ist inhaltlich zum einen auf die Bedürfnisse dieser Eltern abzustimmen.
Der Tagesrhythmus vieler Mütter/Väter ist in den ersten Zeiten nach einer Geburt fast ausschließlich von ihrem Kleinkind geprägt. Es beansprucht beständig die Aufmerksamkeit und Fürsorge eines Elternteiles für sich. Es hat seine eigenen Wach- und Schlafzeiten. Dies alles läßt oft nur noch wenig Raum für die Aufrechterhaltung der bisherigen Beziehungen zu Bekannten und Freunden/Freundinnen. Der Kontakt zu den Berufskollegen, der vor der Geburt vielleicht täglich bestand, fällt mit

einem Mal erst einmal weg. Eltern haben in dieser Phase ein großes Bedürfnis, in Kontakt zu anderen Eltern in vergleichbarer Situation zu kommen. Sie suchen nach Möglichkeiten, um sich austauschen zu können mit anderen Müttern/Vätern über ihre gemeinsame neue Situation, über Erziehungsfragen, über gute Erfahrungen und Schwierigkeiten, die sie haben.
Eine Eltern-Kind-Gruppe ist inhaltlich zum anderen auch auf die Bedürfnisse dieser Kinder abzustimmen. Das Vorlesen längerer Geschichten (einschließlich vieler biblischer) und womöglich ein sich daran anschließendes mündliches Überdenken und Erarbeiten ist unangemessen und wird von den Kindern entsprechend „quittiert" werden.
Was kann denn eine Stunde lang mit so kleinen Kindern inhaltlich gemacht werden? Kinder in diesem Alter wollen sich bewegen und spielen. Sie haben Spaß an Musik und einfachen Körperübungen. Kinder in diesem Alter lieben Schauspiel und lustige Gestik. Sie lieben Wasser, Sand und Knete; Elemente, mit denen sie selbst etwas „machen" können. Die kreativen Angebote müssen dergestalt sein, daß die Kinder auch schon in diesem Alter selbst mit Hand anlegen können. Und das, was sie selbst „geschaffen" haben, braucht nicht schön auszusehen, muß auch nicht korrigiert werden; es hat seinen Wert dadurch, daß jedes Kind es selbst gemacht hat.
Das „Kirchliche" muß dabei nicht „auf der Strecke bleiben". Eine kirchliche Eltern-Kind-Gruppe hat in erster Linie das Ziel, den Kindern das Gefühl zu geben, angenommen zu sein. Und das ist eine fundamentale Aussage des christlichen Glaubens. Und sie wird auch weniger durch Worte als vielmehr durch das Verhalten des/der Leiterin und der herrschenden Atmosphäre überzeugend vermittelt.
Viele Eltern erhoffen sich eben diese Erfahrung des Angenommenseins für sich und ihr Kind. Sie besuchen ja nicht zufällig eine kirchliche Veranstaltung in einem kirchlichen Raum. Diese ihre Hoffnung wird aber oft nicht direkt ausgesprochen. Zudem kann in der Gruppe zu in Frage kommenden Gottesdiensten oder besonderen kirchlichen Veranstaltungen eingeladen werden. Und sie werden dann gerne wahrgenommen, wenn die Eltern und Kinder sich in der bestehenden Gruppe wohlfühlen.

Vorschläge zur inhaltlichen Gestaltung einer Eltern-Kind-Gruppe

Zeit zum Spielen

Jede Stunde wird mit einer ausgiebigen *Spielezeit* begonnen. Im Raum werden verschiedene Spielzeuge verteilt, z.B. ein Kinderzelt mit Tunnel, ein Parkhaus, Rutschautos, ein Hüpfpferd. Die Kinder können alleine oder zusammen mit den Sachen spielen. Für die Eltern ist oft Zeit für einen ersten Austausch.

Lieder singen

Begrüßungs-, Finger- und Bewegungslieder sind in diesem Alter sehr begehrt, erfordert von der Leiterin ein klein wenig schauspielerisches Talent.

Als ***Begrüßungslied*** eignen sich Lieder, in denen die Namen der anwesenden Kinder mit eingebaut werden können wie in dem Lied: *„Ich bin da und du bist da"*.

Bekannte ***Finger- und Bewegungslieder*** sind z.B. *„Zehn kleine Zappelfinger"*, bei dem die Finger entsprechend bewegt werden; *„A ram sam sam"* ist ein lebhaftes Lied, das immer schneller gesungen wird, dabei werden auch die Handbewegungen schneller durchgeführt; *„Meine Hände sind verschwunden"*, ein Lied, bei dem verschiedene Körperteile „verschwinden", indem sie mit den Händen jeweils zugedeckt werden; *„Was müssen das für Bäume sein"*; beim Singen werden mit den Händen Bäume u.v.m. dargestellt; *„Große Uhren machen tick-tack"*, ein Lied, bei dem das Kind als Uhrpendel fungiert, indem es vom Erwachsenen unter den Armen hochgehalten und hin- und hergeschaukelt wird; *„Das ist gerade, das ist schief"*, ein Lied mit einfachsten gymnastischen Übungen, bei dem der ganze Körper zum Einsatz kommt; *„Das Karussell"*; ein Lied, das zur Karussellfahrt einlädt; die Erwachsenen und die Kinder gehen zunächst im Kreis, dann werden die Kinder hochgehoben und wie in einem Karussell gedreht; *„Leise wie die Katzen schleichen"*, bei diesem Lied werden Tiere nachgeahmt; die Gruppe beginnt im Kreis und geht beim Singen aufeinander zu; am Ende wird das Tier durch ein anderes erschreckt; die Kinder werden von den Erwachsenen schnell zum Ausgangspunkt zurückgehoben.

Gemeinsames Frühstück

Ein *gemeinsames Frühstücken* trägt dazu bei, eine entspannte Atmosphäre aufzubauen. Jede Familie bringt etwas zum Frühstück mit. Die Kinder sitzen an kleinen Tischen. Die Eltern können am Frühstück teilnehmen. Auch hierbei besteht eine gute Möglichkeit, miteinander ins Gespräch zu kommen.

Kreative Aktion

Vorschlag 1: Mit den Kindern werden *Bohnen* in einen Blumentopf *gesät*. Sie können das Wachsen beobachten. Begleitend kann das Kinderbilderbuch „Kasimir pflanzt weiße Bohnen“ (von Lars Klinting, Hamburg: Oetinger Verlag 1998) gezeigt werden. Das Lied *„Es war eine Mutter“* handelt von den vier Jahreszeiten. Diese Aktion kann während eines Frühlingstages durchgeführt werden.

Vorschlag 2: *Kleistermalen.* Eine große Menge angerührter Kleister wird mit verschiedenen Fingermalfarben eingefärbt, großflächige Papierbahnen ausgerollt. Die Kinder können den roten, gelben oder grünen Kleister auf die Tapete geben und mit den Fingern/Händen Bilder malen. Eine Musik im Hintergrund ist für die Kinder anregend.

Vorschlag 3: Die Kindern *basteln* Lichter bzw. *Laternen.* Dazu werden leere Marmeladengläser eingekleistert. Die Kinder reißen selbst aus Transparentpapier Fetzen ab und kleben sie an das Glas, bis es vollständig bedeckt ist. Ein Teelicht wird hineingesetzt. *Alternative*: Anstelle des Marmeladenglases wird ein aufgeblasener Luftballon verwendet. Der beklebte Luftballon wird nach dem Trocknen mit einer Nadel zerstochen und kann dann als Laterne benutzt werden. Diese Stunde bietet sich in den Herbsttagen an. Bekannte Lieder zu dieser Festzeit sind: *„Ich geh mit meiner Laterne“; „Laterne, Laterne, Sonne, Mond und Sterne“; „Sankt Martin, Sankt Martin“; „Bald ist Nikolausabend da“; „Meine kleine Kerze“.*

Vorschlag 4: Die Kinder „malen“ *Murmelbilder.* Auf die Innenseite eines Schuhkartondeckels geben die Kinder einige Kleckse Fingerfarbe. Dann wird eine Murmel in den Deckel gelegt. Das Kind bewegt den Deckel nun hin und her, so daß die Murmel über die Farbe rollt und sie verteilt. Die Ergebnisse sind oft verblüffend.

Vorschlag 5: Die Kinder machen *Handabdrücke in Gips.* Modellgips wird angerührt und am besten in einen Plastikteller gegossen, da dieser sich am leichtesten vom Gips wieder trennen läßt. Die Konsistenz der Gipsmasse darf weder zu flüssig noch zu dick sein. Die Kinder müssen ihre Hand dort hineindrücken können. Ist der Gips nach ca. 30 Min. getrocknet, wird der Teller gestürzt. Die Scheibe mit der Hand kann bemalt werden. Soll sie aufgehängt werden, wird während des Trocknens ein Loch (mit einem Streichholz) in den Gips gestochen.

Vorschlag 6: Eine *Bewegungsbaustelle* wird aufgebaut mit einer Stuhlreihe, einem Hocker, einer kleinen Treppe, einem Kindertrampolin und einem Kindertunnel. Bei der Stuhlreihe müssen die Kinder einmal unten drunter durchkrabbeln, das andere Mal darüber hinweglaufen. Sie müssen von einem Hocker springen. Sie kriechen durch einen Tunnel. Sie steigen eine Treppe hoch und wieder herunter; sie hüpfen auf einem Kindertrampolin.

Vorschlag 7: Mit den Kindern werden *Luftballonspiele* gemacht. Jedes Kind bekommt einen aufgeblasenen Luftballon. Bei Musik tanzen sie

durch den Raum und halten dabei ihren Luftballon immer in Bewegung, so daß er nicht auf den Boden fällt.
Eine weitere Möglichkeit ist, die Musik hin und wieder zu stoppen und eine Anweisung zu geben, z. B.: „Nehmt euren Luftballon zwischen die Beine und hüpft wie ein Hase"; die Musik erklingt wieder, und die Kinder führen die Anweisung aus (andere Anweisungen: „Haltet den Luftballon über euren Kopf"; „Lauft mit eurem Luftballon rückwärts durch den Raum").
Besonders faszinierend für Kinder ist es, wenn aus vielen Luftballons ein Bett hergestellt wird, auf das sich die Kinder vorsichtig drauflegen können (nur selten platzt ein Luftballon). Die Luftballons werden unter eine große Plastikfolie gelegt. Dabei muß darauf geachtet werden, daß kein Luftballon an der Seite wegrutscht.
Vorschlag 8: Mit den Kindern werden *Instrumente gebastelt.* Sehr einfach sind *Rasseln* zu basteln. In Papprollen oder Konservendosen werden Nägel, Knöpfe oder Murmeln gefüllt, der Behälter verschlossen bzw. verklebt. Ein *Klavier* entsteht, wenn mehrere Flaschen unterschiedlich hoch mit Wasser gefüllt werden. Die verschiedenen Klänge werden durch Anschlagen mit einem Teelöffel erzeugt. Eine *Trommel* kann aus einer Papptonne, einem Eimer oder einem alten Topf hergestellt werden. Über die Öffnung wird ein Fensterledertuch oder ein Stück Plastiktischdecke gespannt und verklebt. Holzstäbe oder Kochlöffel eignen sich als Schlagzeug. Mit den gebastelten Instrumenten (ggf. zusammen mit Orff-Instrumenten, damit jedes Kind ein Instrument hat) kann dann ein Lied verklanglicht werden. An passender Stelle sollen die Kinder mit ihrem Instrument einstimmen. Die Instrumente können mehrmals untereinander getauscht werden.
Vorschlag 9: Mit den Kindern kann *Knete* selber *hergestellt* werden. In eine erste Schüssel werden 200 g Mehl, 100 g Salz und 1 Eßlöffel Alaunpulver (in der Apotheke erhältlich) gegeben. In einer zweiten Schüssel ¼ Liter Wasser, 1½ Eßlöffel Speiseöl und 1 Teelöffel Lebensmittelfarbe verrühren, dann erhitzen und kurz aufkochen lassen. Die aufgekochte Lösung wird in die erste Schüssel eingerührt. Die entstandene Masse abkühlen lassen und durchkneten. Mit der fertigen Knete können die Kinder einfache Formen und Gegenstände „schaffen".
Vorschlag 10: *Fallschirmspiele.* Die Kinder können in einem großen Fallschirm oder in einer entsprechend großen Decke von Eltern hin- und hergeschaukelt werden.
Oder die Kinder halten zusammen mit den Erwachsenen den Fallschirm fest an der Hand und lassen einen Ball über den Stoff balancieren, ohne daß dieser an irgendeiner Stelle herausfällt.

Oder ein Kind darf sich auf den Fallschirm legen und wird vorsichtig von den anderen durch Auf- und Abwärtsbewegen des Stoffes hochgeworfen. Ältere Kinder können auch unter den hochgewölbten Fallschirm kriechen, der sich dann langsam auf sie niederläßt (der Fallschirm sollte sie nie ganz zudecken, da die Kinder Angst bekommen könnten).
Vorschlag 11: Das *Gummibärchenspiel.* Die Kinder sitzen mit den Händen auf dem Rücken im Kreis. Vor ihnen liegt ein Gummibärchen. Die spielleitende Person erzählt eine spannende Geschichte (z.B. über Malle und Nolle, zwei Gummibärchen ...). Immer dann, wenn das Wort „Gummibärchen" gesagt wird, dürfen sich die Kinder blitzschnell ihr Gummibärchen nehmen und essen. Welches Kind vergißt, sein Gummibärchen zu nehmen?
Vorschlag 12: *Regentropfen fangen* (Regenkleidung notwendig), ein Spiel für draußen in der Regenzeit. Jedes Kind erhält einen Eimer und soll so viele Regentropfen wie möglich auffangen. Welches Kind hat seinen Eimer bis zu einer bestimmten Markierung zuerst gefüllt?
Vorschlag 13: *Spritzbilder mit Zahnbürsten.* Benötigt werden Zahnbürsten, Wasserfarben, festes Papier und verschiedene Schablonen (es eignen sich auch Blätter). Die Schablonen (z.B. ein Igel) werden auf dem Papier befestigt. Die Kinder tauchen die Zahnbürste in Wasser, geben dann eine Farbe auf die Borsten und reiben mit dem Finger (oder einem kleinen Stab) über die Borsten. Die feinen Spritzer verteilen sich um die Schablone herum, während die Figur selbst weiß bleibt.

Abschluß

Oft zeigen die Kleinkinder nach den Aktionen leichte Ermüdungserscheinungen. ***Kuschellieder*** werden von den Kindern gerne angenommen wie z.B. *„Wißt ihr, was die Bienen träumen"*, bei dem die einzelnen Tierlaute mitgesungen werden können; beim Lied *„Großer Bär und kleiner Bär"* werden die Kinder im Schoß hin- und hergewogen.
Die Runde wird mit einem ***Abschiedslied*** beendet, z.B. mit dem Lied *„Alle Leut, alle Leut, gehn jetzt nach Haus"*.

Alle genannten Lieder finden sich mit ausgeführter Spielanleitung in: Das Liederbuch für die ganz kleinen Leute, hg. vom Ev. Erwachsenenbildungswerk Nordrhein, Düsseldorf 1999.

3. EINE KINDER-GRUPPE FÜR GRUNDSCHULKINDER

Eine dritte Station kirchlicher Lebensbegleitung kann eine Kinder-Gruppe für Kinder im Grundschulalter sein. In vielen Gemeinden wird eine kirchliche Begleitung der Kinder vom 3. bis 5. Lebensalter durch einen ev. Kindergarten abgedeckt. Eine neue Lücke entsteht erst wieder im Grundschulalter, die mit dieser Gruppe geschlossen werden kann.
Die Eltern können durch Elternabende über die Arbeit in der Kinder-Gruppe in gewissen Abständen informiert werden. Dadurch nehmen sie die kirchliche Lebensbegleitung ihrer Kinder bewußter wahr. Manch Elternteil wird sich auch für eine (oft zeitlich begrenzte) Mitarbeit interessieren.
In einer Kinder-Gruppe können verstärkt religiöse Themen, elementare Lebenserfahrungen und Lebensfragen aufgenommen werden.

Vorschläge zur inhaltlichen Gestaltung einer Kinder-Gruppe
(von Heike Fillies)

Thema 1: Leben und Tod

Geschichte: Das Kinderbuch von Wencke Oyen und Marit Kaldhol, „Abschied von Rune", 9. Aufl., Hamburg: Ellermann Verlag 1994.
Inhalt: Saras bester Freund ist beim gemeinsamen Spiel am Wasser ertrunken. Dieses einschneidende, schmerzhafte Erlebnis ist für Kinder von 5 bis 8 Jahren an mit aller Deutlichkeit und dabei doch mit aller Behutsamkeit dargestellt. Sara erlebt Schmerz und Trauer, aber auch Trost und Mitgefühl. Die kirchliche Beerdigung mit all ihren Ritualen gibt Möglichkeiten, mit Kindern über Leben und Tod ins Gespräch zu kommen. Sara erinnert sich an gemeinsame Erlebnisse mit Rune, und in diesen Erinnerungen lebt Rune weiter. Gleichzeitig wird in dieser Geschichte das Werden und Vergehen in der Natur verdeutlicht.

Erarbeitung
Das Kinderbuch wird mit den Kindern besprochen. Es kann dabei über die genannten Rituale in der Kirche gesprochen werden (Kerzen, Lieder, Trauerfeier, Gedenkstein, Kränze, Trauerrede); über die Erfahrungen mit Sterben, Tod und Trauer; oder auch über das Leben und den Tod in biblischen Geschichten.

Aktion
Besuch eines Friedhofes

Lieder
„Ich möcht, daß einer mit mir geht" (EG 209)
„Meinem Gott gehört die Welt" (EG 408)

Literaturhinweis
Religionsunterricht Primarbereich. Materialien zum Grundschullehrplan Ev. Religionslehre. *Thema Tod*, hg. vom Pädagogisch-Theologischen Institut der ev. Kirche im Rheinland, Düsseldorf: Presseverband der ev. Kirche im Rheinland.

Thema 2: Sonne und Wärme

Geschichte: Das Kinderbilderbuch „Frederick" von Leo Lionni, München: Middelhauve Verlag 1997.
Inhalt: Für Essen und Trinken, also für sein leibliches Wohl zu sorgen, das ist sicherlich sehr wichtig. Für die Maus Frederick gibt es aber noch andere und wichtigere Dinge, was die anderen geschäftigen Mäuse überhaupt nicht verstehen können. Erst im eisekalten und grauen Winter gibt Frederick seine Fähigkeiten preis und steuert so seinen Teil zum Überleben und zur Gemeinschaft bei.

Erarbeitung
Ein Impuls für das Gespräch kann die Frage sein: „Was ist wichtig im Leben?"
Jeder/Jede aus der Gruppe kann seinen/ihren Teil in die Gemeinschaft einbringen.
Mit den Kindern wird eine Phantasiereise gemacht in Anlehnung zu Fredericks Reden zu den Sonnenstrahlen oder auch zu den Farben (siehe unten).

Aktion
Die Kinder malen ihre Phantasiereise.

Literaturhinweise
Klaus Vopel, Kinder ohne Streß. Bd. 2. Im Wunderland der Phantasie, 2. Aufl., Hamburg: iskopress 1991, und Maureen Murdock, Dann trägt mich meine Wolke, 9. Aufl., Freiburg: Bauer Verlag 1998 bieten weitere Phantasiereisen für Kinder zu verschiedenen Themen an.

Eine Anleitung für eine Phantasiereise mit Farben zum Kinderbuch „Frederick“

Schließe deine Augen und achte auf deinen Atem ... Spüre dabei, wie du ein- und ausatmest ... Du atmest ganz von selbst, ohne Anstrengung und ohne Mühe ein ... und aus ... und ein ... und aus ... Achte nur auf deinen Atem und spüre, wie er durch Mund und Nase aus- und einströmt ... Mit jedem Atemzug entspannst du dich mehr und mehr ... Spüre die Unterlage, auf der du liegst und in die du mit jedem Ausatmen tiefer und tiefer einsinkst ... Du fühlst dich sicher und geborgen ...
Stell dir vor, du liegst auf einer Wiese. Du spürst das Gras, auf dem du liegst ... riechst den erdigen Geruch um dich herum und atmest tief ein ... Und wie du so daliegst, bist du ganz ruhig, entspannt und schwer ... Betrachte den blauen Himmel über dir ... Lausche auf die Vögel und Insekten um dich herum ... Spüre das Gras, auf dem du liegst und das dich trägt ...
Und wie du so daliegst, spürst du, wie die Sonne auf deine Arme scheint ... Sie werden warm, ganz warm ... so warm, daß auch deine Hände warm werden. Wohlige Wärme durchströmt deine Arme und Hände ... Du spürst, wie auch dein Gesicht warm wird ... Du fühlst die Sonne auf deinem Haar, auf deiner Stirn und auf deinen Augenlidern, die immer schwerer werden ... Auch deine Wangen, deine Lippen und dein Kinn sind angenehm warm ... Du fühlst dich wohl in den warmen Strahlen der Sonne ... Sie streicht über deinen Hals und wärmt nun auch deine Schultern ... Haare, Gesicht, Hals, Schultern, Arme und Hände sind nun angenehm warm ... Jetzt spürst du die Sonne auch auf deinen Beinen ... Sie werden wärmer und wärmer und angenehm schwer ... Sie werden so warm, daß auch deine Füße langsam warm werden ... Schließlich wärmt die Sonne deinen gesamten Körper, auch Brust und Bauch werden langsam warm ... Ein Strom angenehmer Wärme fließt nun durch deinen gesamten Körper. Er umspült dich wie sprudelndes warmes Wasser. Genieße dieses Gefühl und bleibe noch eine Weile so liegen ... Verlasse nun deine Wiese und komme hierher zurück ... Balle deine Hände jetzt zu einer Faust und ziehe die Arme und Beine an deinen Körper. Wenn du möchtest, öffne langsam die Augen ... (nach P. Spenaler)

Thema 3: Unsere Erde

Geschichte: Das Kinderbuch von Gudrun Pausewang, Die Kinder in der Erde, Ravensburg: Verlag Maier 1988. Dieses Buch ist leider vergriffen,

kann aber leicht über eine Leihbücherei vor Ort bekommen werden, da es sehr bekannt ist.
Inhalt: Mutter Erde ist krank. Sie bekommt keine Luft mehr, doch die Menschen hören vor lauter Geschäftigkeit und Fortschritt die Klagen der Mutter Erde nicht. Nur die Kinder verstehen die Mutter Erde und wollen die Erwachsenen überzeugen innezuhalten. Doch es ist zwecklos. Erst als die Kinder in den Bauch der Erde verschwinden, um ihr zu helfen, kommen die Menschen zur Besinnung. Nun wird eine wunderschöne Vision vom einträchtigen Leben zwischen Mensch und Erde aufgezeichnet.

Erarbeitung
Das Buch bietet verschiedene Ansätze, um über das Verhältnis Mensch und Natur mit Kindern ins Gespräch zu kommen.

Aktion
Die Kinder haben zu dieser Stunde verschiedene Früchte dieser Erde mitgebracht. Gemeinsam wird besprochen, wo die einzelnen Früchte wachsen. Zum Abschluß kann aus den Früchten ein Obstsalat zubereitet werden.

Lieder
„Jeder Teil dieser Erde" (Mein Liederbuch für heute und morgen, 12. Aufl., Düsseldorf: tvd Verlag 1997, B 12)
„Laudato si" (Mein Liederbuch für heute und morgen, 12. Aufl., Düsseldorf: tvd Verlag 1997, B 10)

Thema 4: Musik – Ausdruck von Freude und Traurigkeit

Geschichte: Das japanische Märchen vom gläsernen Glöckchen (siehe unten).
Inhalt: Ein alter Mönch besitzt ein gläsernes Glöckchen. Wenn das Glöckchen erklingt, vergißt er alle Sorgen und wird so vergnügt, daß er vor seiner Hütte auf dem Berg zu tanzen beginnt. Eines Tages verleiht er sein Glöckchen. Als das Glöckchen nicht zurückgebracht wird, schickt er nach und nach seine Schüler in das Dorf, um das Glöckchen zurückzuholen. Doch in dem Dorf ist es lustig, das Glöckchen schwingt und klingt, die Menschen tanzen und lachen, nur der alte Mönch ist traurig und allein. Nun macht er sich selbst auf den Weg. Als er sein Glöckchen hört, wird er fröhlich und bald tanzt er mit den Bewohnern des Dorfes bis in die Nacht hinein.

Erarbeitung
Mit Orff-Instrumenten werden mit den Kindern Freude und Traurigkeit nachempfunden.
Die Geschichte wird dann mit Orff-Instrumenten nachgespielt.

Aktion
Mit den Kindern wird ein Tanz zur Geschichte erfunden.
Freude und Musik kommen auch in vielen biblischen Geschichten vor. Es kann ein Bezug z.B. zu Miriam hergestellt werden, die auf einem Tamburin nach der Rettung ihres Volkes am Schilfmeer tanzt und spielt (vgl. 2. Mose 15, 19–21).

Das Märchen vom gläsernen Glöckchen
Im fernen Land Japan lebte vor langer Zeit ein alter Mönch. Er war sehr weise und las viele Bücher. Er wohnte allein auf einem Berg in einer kleinen Hütte. Und weil er so alleine war, hängte er sich ein gläsernes Glöckchen an einen Baum. Wenn der Wind wehte und er die Äste bewegte, dann erklang das Glöckchen. Und dabei vergaß der alte Mönch alle seine Sorgen und wurde froh, stand auf und begann zu tanzen.
Als er an einem Abend fröhlich vor seiner Hütte tanzte, kam der Dorfarzt auf den Berg hinauf. Er machte ein besorgtes Gesicht. Aber als er das Glöckchen klingen hörte, begann auch er zu hüpfen und mit dem Mönch zu tanzen.
„Ach, solch ein Glöckchen bräuchte ich auch“, sagte der Dorfarzt, „denn dann wäre auch ich fröhlich. Würdest du mir dein Glöckchen ausleihen?“ Der alte Mönch nickte freundlich und gab es ihm. „Aber bringe mir das Glöckchen morgen früh zurück. Ohne das Glöckchen wäre ich sehr traurig“, bat der Mönch. Der Arzt versprach es und lief eilig den Berg wieder hinab ins Dorf. Vor seinem Haus warteten nun viele kranke Leute und sagten bekümmert: „Gib uns doch Medizin, damit wir gesund werden.“
Der Arzt zog das Glöckchen hervor und hängte es an seine Tür. Und sogleich schwang das Glöckchen behutsam hin und her. Wieder erklangen die wunderschönen Töne. Da faßten sich mit einem Mal die kranken Leute an die Hände, fingen langsam an zu tanzen und dann immer fröhlicher. Der Arzt atmete auf und reihte sich mit in die Tanzenden ein.
Am nächsten Morgen wartete der alte Mönch oben auf dem Berg auf den Dorfarzt. Aber er kam nicht. Stunde um Stunde verging. Da schickte der alte Mönch seinen Schüler Caro in das Dorf hinab und bat ihn: „Geh doch bitte zum Dorfarzt und bringe mir das Glöckchen zurück, das er sich von mir ausgeliehen hat.“

Flink lief Caro den Berg hinab. Als er sich dem Haus des Arztes näherte, hörte er das gläserne Glöckchen spielen. Und dann sah er, wie der Arzt vor seinem Haus tanzte. Mit ihm tanzten die Leute aus dem Dorf. Alle waren sie fröhlich. Da wurde auch Caro fröhlich und mischte sich unter die tanzenden Menschen und tanzte mit.
Auf dem Berg wartete noch immer der alte Mönch auf sein Glöckchen. Aber weder der Arzt noch sein Schüler Caro kamen. Der Mönch saß traurig vor seiner Hütte. Er hätte so gerne sein Glöckchen zurück. Da schickte er seinen Schüler Chiro in das Dorf hinab und sagte: „Geh du ins Dorf hinab zum Arzt und sieh nach, wo Caro mit dem Glöckchen bleibt. Ich bin schon ganz ungeduldig. Bringe es mir doch bitte zurück." Chiro ging den Berg hinab und hörte schon von weitem die schönen Töne des Glöckchens. Er hörte singende und lachende Menschen. Und als er ans Haus kam, da sah er Caro und den Arzt und viele andere Leute tanzen und singen. Da wurde auch Chiro von der Musik erfaßt. Er tanzte mit. Das gläserne Glöckchen aber schwang und klang.
Immer noch wartete der alte Mönch oben vor seiner Hütte. Wieder waren Stunden vergangen, ohne daß Chiro oder Caro oder der Arzt mit dem Glöckchen auftauchten. Es wurde schon Abend. Da hielt er es vor Sehnsucht nach dem Glöckchen nicht mehr aus. Er zog seine Sandalen an und wanderte den Berg hinab. Bald war er im Dorf. Da hörte er sein Glöckchen spielen. Er hörte genau hin. Er kam zum Haus des Arztes und sah die vielen Menschen, die im Kreise tanzten und vor Freude sangen. Auch Chiro und Caro sah der Mönch beim Tanz. Alle waren sehr glücklich. Zuerst blieb der alte Mönch traurig vor dem Haus stehen. Doch dann durchdrang auch ihn die liebliche Musik des Glöckchens. Da gab er Caro und Chiro seine Hand und tanzte mit ihnen und dem Arzt im Kreis herum. Nun war er nicht mehr traurig. Das gläserne Glöckchen aber bewegte sich hin und her, schwang und klang. Und die anderen tanzten und tanzten.
Als es dunkel geworden war, legte sich der Wind, und das Glöckchen wurde leiser, bis es schließlich aufhörte hin- und herzuschwingen. Da blieben auch die Menschen stehen und wünschten sich eine gute Nacht. Und wenn am nächsten Morgen das Glöckchen wieder erklingt, dann werden sie wieder tanzen.

Thema 5: Wer bin ich?

Geschichte: Das Kinderbuch von Mira Lobe, Das kleine Ich bin Ich, 17. Aufl., Wien: Jungbrunnen Verlag 1992.

Inhalt: Ein kleines undefinierbares Wesen möchte gerne wissen, wer es ist. Es fragt jedes Tier, aber keiner hat einen Namen für ihn. Das kleine Wesen wird sehr traurig, weil es doch so gern eine Identität haben möchte. Am Ende der Geschichte stellt das kleine Wesen fest: „Ich bin Ich".

Erarbeitung
Die Kinder stellen zunächst ihre Eigenschaften pantomimisch dar, die anderen müssen sie erraten.
Anhand der Fragen: „Wer bin ich", „wie bin ich", „was mag ich", „was kann ich" können die Kinder dann einen „Ausweis" mit ihren Eigenschaften herstellen. Die Gruppe muß raten, wem der jeweilige Ausweis gehört. Schließlich kann die Bedeutung der Namen der Kinder mit Hilfe eines Namenslexikons erarbeitet werden.

Aktion
Das kleine „Ich bin Ich" wird mit den Kindern als Sockenpuppe oder Kuscheltier gebastelt.

Thema 6: Unsichtbar – Die wichtigsten Dinge im Leben sieht man nicht

Geschichte: Das Märchen von Käthe Recheis, Augen für das Unsichtbare, aus: Käthe Recheis / Friedl Hofbauer, 99 Minutenmärchen, 14. Aufl., Freiburg: Herder Verlag 1990.
Inhalt: Ein junger Hirte beobachtet himmlische Wesen, wie sie die Milch seiner Kühe stehlen. In das schönste himmlische Wesen verliebt er sich. Sie wird seine Frau und hat nur eine große Bitte. Er möge niemals in ihren Korb schauen, den sie in die Ehe mitgebracht hat. Er verspricht ihr, dieses niemals zu tun. Doch eines Tages ist seine Neugier so groß, daß er sein Versprechen und somit auch seine Liebe vergißt. Mit großem Gelächter stellt er fest, daß sich in dem Korb nichts befindet. Daraufhin verschwindet seine Frau für immer.

Erarbeitung
Mit den Kindern wird das Buch besprochen. Mögliche Impulsfragen können sein: „War der Korb wirklich leer, oder konnte der Hirte diese himmlischen Dinge nur nicht erkennen?" „Welche himmlischen Gaben könnten sich wohl im Korb verborgen haben?" „Warum ist seine Frau verschwunden?" „Was hat er durch seine Neugier zerstört?" Wesentliche unsichtbare Dinge sind z. B. Liebe, Vertrauen, Hoffnung.

Aktion
Einem Kind wird die Frage gestellt: „Was würdest du einem anderen Gutes tun, wenn du eine Stunde unsichtbar sein könntest?“ Wenn es sich etwas überlegt hat, soll das Kind es pantomimisch vorspielen. Die anderen müssen die „gute Tat“ erraten.
Nach diesem Spiel können Geschenke gebastelt werden, um jemandem eine Freude zu machen (z. B. Freundschaftsbänder knüpfen).

Thema 7: Einsam – Gemeinsam

Geschichte: Das Kinderbilderbuch von Marcus Pfister, Der Regenbogenfisch, 10. Aufl., Hamburg. Salzburg: Nord-Süd-Verlag 1994.
Inhalt: Der Regenbogenfisch ist der schönste aller seiner Artgenossen, weil er wunderschöne glänzende Schuppen hat. Er weiß aber auch, daß er der Schönste ist, und benimmt sich so. Bald hat er keine Freunde mehr und leidet unter der Einsamkeit. Als er beginnt, seine glänzenden Schuppen zu verschenken und somit nichts mehr Besonderes darstellt, erlebt er Gemeinschaft und Freude.

Erarbeitung
Mit den Kindern wird über das Buch gesprochen. Impulsfragen für das Gespräch sind: „Was macht uns einsam?“ und „Was fördert die Gemeinschaft?“ Der Zielgedanke ist: Gemeinsam sind wir stark.

Aktion
Für dieses Thema bietet sich eine Gemeinschaftsarbeit an. Die Kinder basteln ein Fischmobile aus Ton- und Glanzpapier.

Lied
„Kindermutmachlied“ (Mein Liederbuch für heute und morgen, 12. Aufl., Düsseldorf: tvd Verlag 1997, C 15).

Thema 8: Unser Himmel

Geschichte: Das Lied „Weißt du, wo der Himmel ist“ von W. Willms (Mein Liederbuch für heute und morgen, 12. Aufl., Düsseldorf: tvd Verlag 1997, B 79).

Erarbeitung
Das Lied wird gemeinsam erarbeitet. Zum Einstieg kann gefragt werden: „Woran denke ich bei dem Wort ‚Himmel'?" Die Kinder nennen ihre Assoziationen. Sie werden in zwei Kategorien sortiert, in die Kategorie „sky" (=Wolkenhimmel, sichtbarer Himmel) und „heaven" (= Erfahrungshimmel, unsichtbarer Himmel). Mögliche Antworten zum Bereich „sky" sind Wolken, Sterne, Sonne, Mond, Luftschicht; zum Begriff „heaven" gehören Assoziationen wie Gottes Himmel, Liebe, Seele, Frieden, Reich Gottes.
Eine Bildbetrachtung kann sich anschließen, die darüber Auskunft gibt, wie sich die Menschen die Welt und den Himmel früher vorgestellt haben. Ein biblischer Bezug kann über die Reich-Gottes-Gleichnisse Jesu geknüpft werden. Jesus erzählt Vergleiche, die das Reich Gottes verdeutlichen. Mit dem Reich Gottes ist es wie mit dem Sauerteig (Mt 13,33); wie mit dem Senfkorn (Mk 4,30–32); wie mit einem Schatz im Feld (Mt 13,44) oder wie mit einer wunderschönen großen Perle (Mt 13,45 f.). Die Kinder können eine Mal- und Schreibaufgabe erhalten. Sie sollen eigene Vergleiche für das Reich Gottes finden. Als Anfangshilfe können sie den Satz aufschreiben: „Das Reich Gottes ist wie ...".

Aktion
Die Kinder basteln den „sky"-Himmel in Form eines Himmelsgestirns-Mobile; die Himmelskörper können aus Wattekugeln, Tonpapier und Farbe hergestellt werden.
Eine Phantasiereise kann daran angeschlossen werden zum Thema: „Himmel" (z. B. aus Klaus Vopel, a. a. O., S. 56).
Zum Schluß können noch einmal der „sky"-Himmel und „heaven"-Himmel miteinander verglichen werden.

Lied
„Der Himmel geht über allen auf" (Mein Liederbuch für heute und morgen, 12. Aufl., Düsseldorf: tvd Verlag 1997, B 61).

Literaturhinweis
Religionsunterricht Primarbereich. Materialien zum Grundschullehrplan Ev. Religionslehre. *Himmelfahrt und Pfingsten*, hg. vom Pädagogisch-Theologischen Institut der ev. Kirche im Rheinland, Düsseldorf: Presseverband der ev. Kirche im Rheinland (enthält viele weitere Anregungen zum Thema, u. a. auch eine Abbildung eines antiken Weltbildes).

Geschenkideen als Sprachhilfen für Eltern und Paten

1. ANREGUNGEN ZUM GEBET MIT KINDERN

Eine Erfahrung haben viele Eltern selber als Kind gemacht: Ihnen nahestehende Personen, Vater, Mutter oder Großeltern, haben seinerzeit mit ihnen bekannte Gebete gesprochen, meistens abends vor dem Einschlafen. Auch wenn sie diese Gebete oft noch gar nicht (zumindest nicht so ganz) verstanden haben: Die Erfahrung des gemeinsamen Gebetes mit den Eltern übermittelte das Gefühl und die Einsicht, daß es da etwas Geheimnisvolles, etwas Größeres gibt; etwas, vor dem selbst die „großen Eltern" die Knie beugen; etwas, das gut zu mir ist und mich beschützt.
Es liegt nahe, daß sich Eltern bei der christlichen Erziehung auf eben diese Erfahrung in ihrer eigenen Kindheit besinnen. Sie können ihren Kindern diese religiöse Erfahrung weitergeben. Nicht allen Eltern sind die Gebete aber noch bekannt, aber fast alle erinnern sich gerne an die Zeit, in der mit ihnen als Kind gebetet wurde.

Das Faltblatt mit Kindergebeten
An diese gute „Urerfahrung" kann nun angeknüpft werden, sollen Eltern wieder zu einer religiösen Sprachfähigkeit gelangen. Sie erhalten im Taufgespräch oder nach dem Taufgottesdienst das Faltblatt mit den Kindergebeten. Dieses Faltblatt beschränkt sich bewußt auf wenige, aber bekannte Gebete. Eltern können ein Gebet wiedererkennen. Das Wiedererkennen wirkt für die christliche Erziehung motivierend auf die Eltern; denn sie gewinnen nicht den Eindruck, daß sie bei einem Mangel ertappt, sondern umgekehrt bei einer ihrer Stärken angesprochen werden. Mit Hilfe der überreichten Kindergebete gewinnen Eltern den Mut und die Sicherheit, ihrem Kind einen ersten Zugang zum christlichen Glauben zu eröffnen, der weder das Kind noch die Eltern überfordert.

„Wir beten mit unserem Kind ...“

(Platz für ein freigewähltes
Gebet oder einen Liedertext)

Eine Anregung für Eltern zum Gebet mit Kindern von Ihrer evangelischen Kirchengemeinde . . . . (Ortsname)

Platz für ein Bild Ihres Kindes

Wir beten mit unserem Kind

Gebete am Morgen

Wo ich gehe, wo ich stehe,
bist du, lieber Gott, bei mir.
Wenn ich dich auch niemals sehe,
weiß ich dennoch, du bist bei mir.

Wie fröhlich bin ich aufgewacht,
wie hab ich geschlafen so sanft die Nacht.
Hab Dank im Himmel, Gott, Vater mein,
daß du hast wollen bei mir sein.
Behüte mich auch diesen Tag,
daß mir kein Leid geschehen mag.

Gebete am Abend

Müde bin ich, geh zur Ruh,
schließe meine Augen zu.
Vater, laß die Augen dein
über meinem Bette sein.
Alle, die mir sind verwandt,
Gott, laß ruhn in deiner Hand.
Alle Menschen, groß und klein,
sollen dir befohlen sein.

Gott, der du heute mich bewacht,
beschütze mich auch diese Nacht.
Du sorgst für alle, groß und klein,
darum schlaf ich ohne Sorgen ein.

Lieber Gott, ich schlafe ein,
laß mich ganz geborgen sein.
Die ich liebe, schütze du.
Decke allen Kummer zu.
Kommt der helle Sonnenschein,
laß mich wieder fröhlich sein.

Das Vaterunser

Vater unser im Himmel.
Geheiligt werde dein Name.
Dein Reich komme.
Dein Wille geschehe, wie im Himmel, so auf Erden.
Unser tägliches Brot gib uns heute.
Und vergib uns unsere Schuld,
wie auch wir vergeben unsern Schuldigern.
Und führe uns nicht in Versuchung,
sondern erlöse uns von dem Bösen.
Denn dein ist das Reich und die Kraft
und die Herrlichkeit in Ewigkeit. Amen.

Gebete bei Tisch

Alle guten Gaben,
alles, was wir haben,
kommt, o Gott, von dir.
Wir danken dir dafür.

Jedes Tier, das hat sein Essen,
jede Blume trinkt von dir,
hast auch uns noch nicht vergessen,
lieber Gott, ich danke dir.

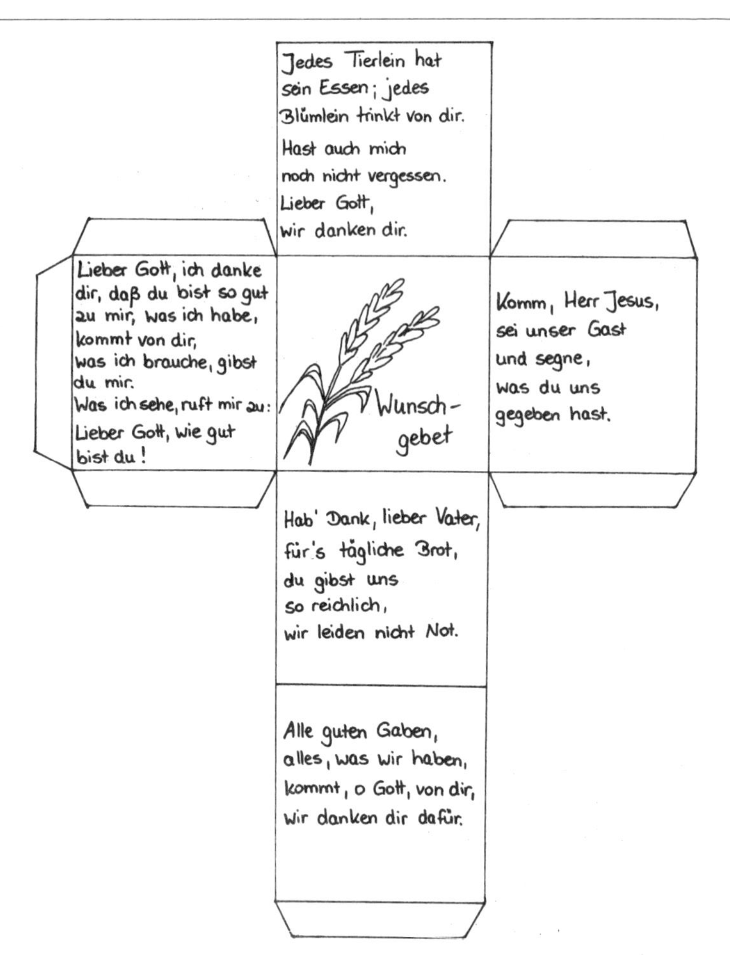

Der Gebetswürfel

Den Eltern kann im Taufgespräch oder nach der Taufe auch ein Bastelbogen zur Herstellung eines Gebetswürfels mitgegeben werden.

Die Vorlage wird am besten auf buntes und etwas verstärktes Papier kopiert.

Ältere Geschwister können den Gebetswürfel zu Hause selbst ausschneiden und zusammenkleben.

Der Gebetswürfel kann gut bei den gemeinsamen Tischmahlzeiten verwendet werden. Vor dem Essen würfelt ein Familienmitglied eines der aufgeschriebenen Tischgebete und liest es vor.

Buchtips

Mein Büchlein vom Beten, von Regine Schindler, 1.Aufl., Lahr: Kaufmann Verlag 1999.
Das Büchlein ist als Geschenk für ein Kind gedacht. Auf der ersten Seite kann der Anlaß, die schenkende Person (z. B. Eltern, Paten, Freunde) und das beschenkte Kind namentlich eingetragen werden.
Das Büchlein beginnt mit einem Morgengebet und schließt mit mehreren Abendgebeten und der Möglichkeit für ein eigenes Gebet. Weitere Gebete thematisieren die Naturerscheinungen wie Sonne, Regen, Schnee und Nacht, die ein Kind erlebt; die Hände, die Kinder gebrauchen können; Essen und Trinken; die Namen, mit denen ein Kind Gott anreden kann; die Engel und die Zeit.
Das Büchlein enthält auch erzählende Stücke. Die Gleichnisse vom bittenden Freund und vom verlorenen Schaf verdeutlichen, daß Gott wie ein guter Freund und Hirte ist. Eine Kurzgeschichte gibt Antwort auf die Frage: „Darf man Gott um alles bitten?“; eine Tiergeschichte klärt den Sinn des Sonntages.

Das Vaterunser, 8. Aufl., Hamburg: Nord-Süd-Verlag 1990.
Dieses Kinderbilderbuch zeigt zu jedem Teilsatz des Vaterunser ein Bild. Die Bilder deuten die Wortteile aus. Gelungen ist die Szene zu dem Wortteil „wie auch wir vergeben unsern Schuldigern“. Es wird gezeigt, wie sich zwei schwarze Kinder mit zwei weißen Kindern unter dem Sternenhimmel auf einer Wiese umarmen.
Manche Wort-Bild-Kombinationen sind zwar originell, erfordern dafür aber auch ein allzu hohes theologisches Abstraktionsvermögen. Das Bild von der Giraffe, dem Löwen und der kleinen Ziege, die friedlich nebeneinander im Dschungel stehen, erläutern den Sinngehalt der Bitte „Dein Reich komme“: Gottes Reich ist dann gekommen, wenn die „Mächtigen ... nicht mehr über die Schwachen triumphieren wie der Löwe über das Zicklein“ (aus dem Nachwort). Und bei der Schlußdoxologie: dein ist die „Kraft“ wird ein Mädchen gezeigt, das in kühler Jahreszeit auf einem großen kahlen Feld einige Maiglöckchen entdeckt und einen Strauß davon gepflückt hat. Die Deutung dazu lautet, daß Gottes Kraft sich gerade in den kleinen Dingen zeige „mehr als in den lauten. So wie es mehr ist, wenn unter dem Schnee die Gräser keimen, als wenn der Donner erschallt.“ (aus dem Nachwort).

„**Die Schönsten Kinderlieder**", hg. von Gisela Walter, Ravensburg: Ravensburger Verlag 1995.
Was zu den Gebeten gesagt wurde, gilt auch für viele Kinderlieder, die abends am Bett von Eltern mit ihren Kindern gesungen wurden, nicht immer aber mehr bekannt sind. Wie die Gebete ließen auch (und vielleicht viel nachhaltiger) religiöse Kinderlieder für viele Eltern etwas von den „guten Mächten" spürbar werden, durch die sie sich als Kind „wunderbar geborgen" fühlten.
Exemplarisch soll ein Liederbuch vorgestellt werden, das diese bekannten Kinderlieder zusammengestellt hat. Eltern erkennen Lieder wieder und können ihre damalige Erfahrung ihrem Kind weitergeben.
Das Liederbuch enthält 111 Lieder, die in verschiedenen Untergruppen (z.B. „Lieder zum Tanzen und Springen, zum Hüpfen und Lustig sein"; „Lieder vom Reisen und Wandern, von Seefahrten und Abenteuern") zusammengestellt sind. Zu den Liedern gehören „Auf der Mauer, auf der Lauer"; „Das Wandern ist des Müllers Lust"; „Ein Männlein steht im Walde"; „Ein Schneider fing 'ne Maus"; „Häschen in der Grube"; „Wer will fleißige Handwerker sehn", aber auch einige Lieder mit christlichen Inhalten wie „Sankt Martin"; „Leise rieselt der Schnee"; „Weißt du, wieviel Sternlein stehen"; „Herr, bleibe bei uns"; „Der Mond ist aufgegangen"; „Nehmt Abschied, Brüder".
Das Liederbuch ist mit vielen phantasievollen und aktionsreichen Bildern versehen.

2. KINDERBIBELN

Die Bibel ist für Kinder zumindest in weiten Teilen nicht verständlich. Sie ist von Erwachsenen für Erwachsene geschrieben worden. Eine theologisch korrekte und ansprechende Kinderbibel zu gestalten, ist eine hohe Kunst, die oft unterschätzt wird.
Erst ab dem 18. Jahrhundert gab es Bibeln, die für Kinder bestimmt waren, wobei allerdings ein katechetisches Interesse im Vordergrund stand, also das Erlernen von biblischem Wissen und die Vermittlung von moralischen Nutzanwendungen. Auch Ausschmückungen oder Erläuterungen sachlicher Art führen von der eigentlichen Geschichte weg, nehmen ihr ihre Eigendynamik. Denn darum geht es, daß ein Kind über die Erzählung und/oder ein eindrückliches Bild in eine biblische Geschichte hineinkommt, sich in ihr wohlfühlt und dann ahnt: „So gut ist Gott zu den Menschen". Daraus kann eines Tages das eigene Bekenntnis entspringen: „So gut ist Gott auch zu mir!", wenn die Geschichte oder das Bild dazu erinnert werden kann.

Die **Bibelbilderbücher** für 4–8jährige Kinder in fünf Bänden der Deutschen Bibelgesellschaft (Sammelbände der Reihe „Was uns die Bibel erzählt", Stuttgart: 1984–87) enthalten die bekanntesten biblischen Geschichten aus dem Alten und Neuen Testament. Die einfachen und leicht verständlichen Texte laden Eltern nicht nur zum Vorlesen, sondern auch zum eigenen Nacherzählen ein. Die zahlreichen passenden Zeichnungen von Kees de Kort sind kindgerecht, farbintensiv und mit eindrücklicher Gestik und Mimik. Zu jeder erzählten Geschichte gibt es ein Nachwort für die Eltern mit wissenswerten Erläuterungen und weiterführenden Anregungen.

Komm, freu dich mit mir. Die Bibel für Kinder erzählt v. K. Jeromin, illustriert von R. Pfeffer, Dt. Bibelgesellschaft 1999.
Die Kinderbibel enthält – und das ist ein bemerkenswerter Ansatz – zunächst die biblischen Geschichten, die mit den Festen des Kirchenjahres (Advent, Weihnachten, Epiphanias, Passions-Osterzeit, Himmelfahrt, Pfingsten und Erntedank) in Zusammenhang stehen. Die gefeierten Hauptfeste in der Familie bilden einen „Anknüpfungspunkt für die Vermittlung von biblischen Geschichten ..." (S. 224).
Die biblischen Geschichten sind ausführlicher erzählt als im Bibelbilderbuch. Sie sind gleichwohl einfach in der Sprache und deshalb auch für jüngere Kinder geeignet. Die bildliche Gestaltung ist eher kindgerecht als theologisch angemessen gelungen; die lebensfrohen Bilder sind z.T. sehr comicorientiert, kontrastreich, die Personen und Gesichter groß dargestellt.
Jede biblische Geschichte schließt mit einer Doppelseite, auf denen Rätsel, Spiele, Lieder, Gebete und Bastelideen die Geschichte vertiefen sollen. Diese Vertiefung trägt auch katechetische Züge: „Advent heißt die Zeit vor Weihnachten, wenn wir auf den heiligen Abend warten" (S. 18); auf dem Wüsten-Wander-Spiel lautet eine Frage: „Wie viele Gebote stehen auf den beiden Tafeln? Bei richtiger Antwort darfst du noch einmal würfeln!" (S. 138); etwas befremdlich wirkt allerdings, daß das Kind – nach der Erzählung von der Sturmstillung – ein gefaltetes Papierschiff in seine Hosentasche stecken und bei Aufkommen von Angst in die Hand nehmen und beten soll (S. 183).
An manchen Stellen schimmert eine Belehrungstendenz durch, etwa in dem Gebet: „Lieber Gott, wenn ich anderen etwas von meinen Sachen abgeben soll, fällt mir das schwer. Er macht viel mehr Spaß, etwas zu bekommen als etwas abzugeben. Aber ich weiß auch: Es ist schön [= gut?], wenn andere sich freuen, weil sie ein Geschenk bekommen ..." (S. 191); oder wenn „Wido" (ein Wiedehopf), die Begleitfigur im Buch, nach der

Beispielerzählung vom barmherzigen Samariter sagt: „Da bin ich aber froh, daß der Samariter dem verletzten Mann aus Jerusalem geholfen hat. Er hat nicht weggesehen, sondern hat den Verletzten gerettet, obwohl die Samariter Leute aus Jerusalem eigentlich gar nicht leiden können. So können aus Feinden sogar gute Freunde werden. Ist das nicht schön [= gut?]?“ (S. 206)
Die Kinderbibel, die als Tauferinnerungsgeschenk gedacht ist, schließt mit einigen Gebeten und weiterführenden Erläuterungen der erzählten biblischen Geschichten für Eltern. Sie ist mit ihren zahlreichen Spiel- und Bastelvorschlägen aber auch eine geeignete Materialsammlung für die kirchliche Arbeit mit Kindern.

Die Bibel. Für Kinder ausgewählt und erläutert von Josef Quadflieg. Illustriert von Rita Frind, Patmos Verlag Düsseldorf 1994
Diese Bibel setzte bei ihrem Erscheinen 1994 in Text und Bild neue Akzente.
Der Name des bekannten Religionspädagogen Josef Quadflieg steht dabei nicht nur für eine kindgemäße Sprache wie für eine überzeugende Treue zum biblischen Wortlaut; über die nacherzählten Geschichten hinaus (die Kapitel werden eingeleitet; die einzelnen Geschichten werden zusätzlich in ihrem Zusammenhang und ihrer Bedeutung für die Kinder erklärt) bietet der letzte Teil dieser Bibel eine umfangreiche biblische Sachkunde für Kinder (mit Wissenswertem zu Geschichte, Geographie und Alltag in biblischer Zeit sowie sorgfältig recherchierten Sachzeichnungen).
Nicht immer direkt und leicht zugänglich, aber von großer Farbkraft und ebenso überzeugender, intelligent eingesetzter Symbolqualität sind die Bilder der Judaistin Rita Frind. Sie durchstoßen die Außenkante der Texte und bringen die inneren Bilder der Botschaft zutage, machen sie visuell erfahrbar und von kindlicher Phantasie nachvollziehbar. Darin sind sie dann vorzüglich kindgemäß, obwohl gerade diese Bibel sicher eher gemeinsam von Eltern und Kindern angeschaut werden sollte.

Die Nacht leuchtet wie der Tag. Bibel für junge Leute, erarbeitet von Hans Biesenbach/Hans Heller/Irmintraud Eckard und Gerd Eichhorn, Frankfurt a.M.: Diesterweg Verlag 1992. Mit einem Begleitheft.
Die nacherzählten biblischen Geschichten zeigen sowohl eine größtmögliche Nähe zum Bibeltext (nach der Lutherübersetzung) als auch ein für junge Leute verstehbares Satzgefüge. Auf Ausschmückungen, auf kindertümelnde und reißerische Sprache ist verzichtet worden.

Gleichwohl finden sich in dieser anspruchsvollen Bibel für Kinder und Jugendliche Sach- und Worterklärungen sowie Querverweise, die den Lesenden zu einer ersten auch „wissenschaftlichen" Beschäftigung mit der Bibel anleiten wollen. Der wissenschaftliche Charakter wird besonders dadurch erzielt, daß grundlegende Ergebnisse der historisch-kritischen Bibelerfoschung mit einfließen. Die Mosegeschichten und der Auszug aus Ägypten etwa orientieren sich in der Nacherzählung – im Anschluß an die Quellenhypothese – an der jahwistischen Darstellung des Stoffes; Randbemerkungen und zusätzliche Texteinschübe am Ende weisen jeweils auf abweichende (z. B. priesterschriftliche) Parallelüberlieferungen hin. Bei den Evangelien im Neuen Testament wird ähnlich verfahren. Es bietet die ausführliche Nacherzählung eines Evangeliums, des Lukasevangeliums, an das danach einige (teils komplexere) Auszüge aus den anderen drei Evangelien angelagert werden.
Ein beachtlicher Teil im Alten Testament ist den Propheten gewidmet. Auch hier ist das wissenschaftliche Interesse deutlich spürbar. Die einzelnen Prophetenworte werden historisch eingeordnet, indem sie jeweils mit den dazugehörenden zeitgeschichtlichen Umständen aus den Königebüchern kombiniert sind.
Im Neuen Testament werden, was ebenfalls ein neuer Schritt ist, sowohl eine Auswahl aus den Briefen des Paulus als auch abschließend einige Passagen aus der Offenbarung geboten. Dadurch wird trotz der notwendigen Textauswahl in dieser Bibel die Vielfalt des biblischen Stoffes vermittelt, was diese Bibel allerdings knapp dreihundert Seiten stark macht.
Die ausgewählten alten und modernen Bilder aus der Kunstgeschichte, die diese Bibel illustrieren, sind auch ungewohnt. Die Kunstbilder helfen, die biblischen Texte für das eigene Leben besser deuten zu können. Die verschiedenen Assoziationen, die diese Bilder freisetzen, die vielschichtigen Deutungen, die aus den Bildern sprechen, können mit dem biblischen Text verbunden werden und so den Text erhellen, den Verstehenshorizont vergrößern.
Die Bilder beziehen sich aber nicht nur auf die inhaltliche Aussage eines einzelnen Bibeltextes. Sie versuchen auch, die jeweilige Sprachform bzw. die größere Literatureinheit im Bild anschaulich zu machen, wie z. B. den Schöpfungsbericht, die prophetische Unheilsverkündigung, die prophetischen Heilsweissagungen, die Psalmen, die Menschwerdung Gottes, die Passion Jesu, die Auferstehung Jesu.

Unter dieser Rubrik sind einige erschwingliche Bücher/Hefte/Materialien zusammengestellt, die sowohl allgemein interessierende Themen behandeln als auch solche, die einen spezifisch christlichen Aspekt erhellen.

Das große Jahresbuch für Kinder. Feste und Bräuche neu entdecken. Hrsg. von Hermine König, München: Kösel Verlag 1994.
Von den Barbarazweigen, über die Fastnacht, die Bedeutung der Sommerbräuche bis hin zu den Martinsgänsen: Viele Fragen zu Bräuchen in allen Jahreszeiten beantwortet dieses umfangreiche Jahresbuch für Kinder, das Kinder und ihre Eltern zu einer Entdeckungsreise durch das ganze Jahr einlädt.

Renate Schupp, **Mit Kindern durch das Kirchenjahr**, 1. Aufl., Lahr: Kaufmann Verlag 1995.
Das 30seitige illustrierte Büchlein ist für Eltern gedacht, die ihrem Kind die Bedeutung der kirchlichen Feste nahebringen wollen. Zu Beginn sind alle wichtigen Kirchenfeste aufgelistet, die schlagwortartig erläutert werden, wie z.B.: „Himmelfahrt: 40 Tage nach Ostern. Erinnerung an die Aufnahme Jesu in das Reich Gottes."
Ausführlicher behandelt werden „Advent/Weihnachten"; „Passion/Ostern"; „Pfingsten" und „Erntedank". Zu diesen vier Festen gibt es jeweils einen Elterntext, der recht detailliert über die historischen Ursprünge informiert. Eine zentrale biblische Geschichte in Form der Nacherzählung zeigt den theologischen Zusammenhang zum Festtag auf. Ein Gebet, ein Rätsel, eine Kurzgeschichte oder ein Spiel dienen als Aktualisierung und schließen die Beschäftigung mit der vorgestellten Festzeit ab.

Das Büchlein von Beate Steitz-Röckener, **Das Kirchenjahr den Kindern erklärt**, Hamburg: Agentur des Rauhen Hauses 1994, führt die Kinder ebenfalls durch die Welt des Kirchenjahres. Kurze Erläuterungen (Namensentstehung, biblische Bezüge, Brauchtum) werden zu den Festen Advent, Nikolaustag, Weihnachten, Epiphanias, Aschermittwoch, Passionszeit, Gründonnerstag, Karfreitag, Ostern, Himmelfahrt, Pfingsten, Trinitatis, Fronleichnam, Erntedank, Reformationstag, Allerheiligen/Allerseelen, Martinstag, Buß- und Bettag und Ewigkeitssonntag gegeben. Auch die liturgischen Farben werden erklärt.
Das Büchlein enthält kindgemäße Illustrationen zu den großen Festen, einen Kalender und ein Kreisdiagramm. Auf ihm sind sehr übersichtlich

alle Feste im Kirchenjahr in der chronologischen Reihenfolge mit den entsprechenden liturgischen Farben verzeichnet.
Dieses Büchlein ist stärker als das eben vorgestellte Heft ökumenisch ausgerichtet („Fast alle Feste feiern wir in der evangelischen und der katholischen Kirche. Einige haben nur verschiedene Namen. So heißt zum Beispiel der Trinitatis-Sonntag bei den Katholiken „Dreifaltigkeitstag“; zum Aschermittwochstag heißt es: „Nach evangelischer und katholischer Zeitrechnung beginnt jetzt die Vorbereitungszeit auf das Osterfest, die vierzig Tage dauert“; zum Himmelfahrtsfest wird geschrieben: „Es entstand erst 400 Jahre nach Jesu Tod und wird in der katholischen Kirche mit Prozessionen, das sind festliche Umzüge, gefeiert“; zum Erntedanktag wird gesagt: „Jedes Jahr ... sammeln die evangelischen Kirchen Geld für die Aktion ‚Brot für die Welt‘ und unterstützen damit Menschen in den armen Ländern; die Katholische Kirche sammelt am Missionssonntag Ende Oktober“; und zum Ewigkeitssonntag steht: „In der katholischen Kirche heißt dieser Sonntag Christkönigssonntag“).
Ohne jegliche Wertung werden neben den evangelischen auch wichtige katholische Feste genannt („Den Reformationstag und den Buß- und Bettag kennen wir nur in der evangelischen Kirche. Fronleichnam, Allerheiligen und Allerseelen werden dagegen nur von den Katholiken gefeiert“). Diese drei katholischen Feste werden dann auch im Laufe des Büchleins genauer vorgestellt. Die evangelische Identität wird dennoch deutlich, besonders durch die Ausführungen zum Reformationstag, die knapp über das Leben und Wirken Luthers berichten.
Dieses Büchlein ist insgesamt etwas kirchlicher gehalten, auch in der Sprache („Am Tag ‚Allerheiligen‘ erinnern sie [die katholischen Christen] sich an die Menschen, die ganz besonders in der Nachfolge von Jesus Christus gelebt haben.“). Historisch-kritische Einsichten fließen mit in die abrißhaft gehaltenen biblischen Erzählungen ein; zu den drei heiligen Königen wird bemerkt: „Aber es waren wohl keine Könige, sondern Sterndeuter aus dem Morgenland, ...“; und zur Himmelfahrt Jesu heißt es: „Die Freunde erklärten es sich so, daß er [Jesus] auf einer Wolke in den Himmel fuhr. Heute sagen wir: Jesus kehrte zurück zu Gott, aber in unseren Gedanken und Herzen ist er bei uns Menschen“.).

In gleicher Ausstattung präsentiert Beate Steitz-Röckener das Büchlein: **Die Kirche den Kindern erklärt**, Hamburg: Agentur des Rauhen Hauses 1996.
Das Büchlein beginnt mit einem historischen Überblick über die Anfänge des Gottesdienstes in Wohnhäusern und über verschiedene Baustile. Es verweilt dann etwas länger in der Zeit der Reformation, in der neben die

katholische Kirche die evangelische trat. Die Eigenart des evangelischen Gottesdienstes wird knapp skizziert.
Dann nehmen zwei Kinder den Lesenden mit in eine Kirche, die nach und nach entdeckt wird. Das jeweils Entdeckte wird erläutert, u. a. der Grundriß einer Kirche, das Taufbecken, die Orgel, das Gesangbuch, die Kirchenfenster, die Sakristei, die Kanzel, der Altar, die Glocken.
Das Büchlein ist insgesamt mehr der lutherischen Tradition verpflichtet.

Regine Schindler, **Der Ostermorgen.** Mit Bildern von Ivan Gantschev, Düsseldorf: Patmos Verlag 1997.
Kalt ist die Nacht vor der Felswand, doch der Morgen – der Ostermorgen – bringt Unerwartetes. Vor allem für die Frauen, die vor dem verschlossenen Grab eingeschlafen sind, beginnt ein neues Leben: Der Stein ist weggewälzt, der Engel sagt ihnen, daß es weitergeht mit Jesus. Ein Hase aber folgt ihnen auf dem Weg nach Galiläa. Er entdeckt den neuerwachten Frühling. Ob wir ihn dann Osterhase nennen oder nicht, spielt dabei keine Rolle ... Ein mutiger und gelungener Versuch, theologisch angemessen und kindgemäß verständlich die christliche Ostertradition zu erzählen, ohne dabei den Osterhasen wegzulassen.

Fensterbild-Adventskalender, Aachen: Bergmoser & Höller Verlag.
Die verschiedenen Adventskalender bestehen aus einer zunächst verdeckten transparenten Folie mit den Szenen der Kalendergeschichte, die an ein Fenster gehängt wird. Jeden Tag wird eine vorgestanzte Abdeckung weggenommen, eine farbige Szene der Bildepisode erscheint.
Aus dem dazugehörenden Begleitbuch kann die Geschichte vorgelesen werden, die auf die einzelnen 24 Tage verteilt ist. Der Fensterbild-Adventskalender z. B. mit dem Titel „Wie Aaron nach Bethlehem kam“ enthält eine freie Nacherzählung der Weihnachtsgeschichte aus der Perspektive eines Esels namens Aaron, wobei die einzelnen Geschichten „in ihrem Kern doch an den biblischen Aussagen fest(halten)“ (S. 5 des Begleitbuches).

Marie Wabbes, **Ich dachte, du bist mein Freund.** Kinder vor sexuellem Mißbrauch schützen. Deutsche Ausgabe. Gießen: Brunnen Verlag 1999.
Dieses Kinderbilderbuch enttarnt mit eindrücklichen Bildern und klarer Sprache die erschütternde psychologische Strategie der Täterschaft und das Dilemma, in das das Opfer hineinmanövriert wird.
Die Identifikationsfigur im Buch, das bereits für Kinder ab 4 Jahren geeignet ist, ist ein Teddybär, der von seinem „Freund“, dem „großen Wolf“, zärtlich behandelt wird, was dem kleinen Bären gefällt. Dann aber häufen

sich die sich steigernden „komischen Spiele“, bis dahin, daß der übermächtig dargestellte schwarze Wolf sich auf den kleinen Bären drauflegt und ihm weh tut. Seine spitzen Zähne zeigend, verlangt der Wolf vom eingeschüchterten, verängstigten Bären, ihr gemeinsames Spiel als Geheimnis zu hüten. Der kleine Bär gehorcht zunächst. Er hat nun aber auch Angst davor, wieder mit dem Wolf spielen zu müssen. In dieser Zerrissenheit – und damit wird das für das Kind rettende Verhalten aufgezeigt – entschließt sich der Bär, den anderen Bären von seinen Erlebnissen zu erzählen. Und er erlebt, daß der Wolf bestraft wird und ihm keiner mehr weh tut. In einem Nachwort finden sich Anregungen für Erwachsene, wie ein derartiges Gespräch mit Kindern aussehen kann.

Malcolm und Meryl Doney, **Wo kommen die kleinen Babys her?** Vater, Mutter und Ich, 12. Aufl., Gießen: Brunnen Verlag (1987) 1994.
Dieses vielbeachtete Kinderbilderbuch ist ein Aufklärungsbuch für Kinder ab 5 Jahren. Einfühlsam, ehrlich und anschaulich wird erklärt, wie sich die menschliche Fortpflanzung vollzieht. Umrahmt wird dieses Thema vom christlichen Schöpfungsgedanken. Zu Anfang und am Schluß wird die Einmaligkeit des Menschen betont. Sie liegt darin begründet, daß ein Mensch von Gott herkommt und von ihm gewollt ist trotz der entscheidenden Mitwirkung von Mann und Frau, durch die neues Leben entsteht. Das Buch zeigt, wie ein Junge zum erwachsenen Mann heranwächst, ein Mädchen zur erwachsenen Frau und welche geschlechtlichen Unterschiede bestehen. Originell wird dann die Fortpflanzung beschrieben und illustriert: Nachdem unter einer Lupe die männlichen Samen und die weibliche Eizelle erklärt sind, werden Mann und Frau als liebendes Ehepaar zusammen im Bett gezeigt. Zugleich sehen die Kinder zwei zusammengesetzte, passende Puzzleteile, mit denen Mann und Frau verglichen werden. Die Kinder können dann das heranwachsende Baby im Bauch bis zur Geburt mitverfolgen.

Hiltraud Olbrich, **Abschied von Tante Sofia**, 1. Aufl., Lahr: Kaufmann Verlag 1998.
Das Büchlein ist für Eltern bestimmt, um leichter mit ihrem Kind über das Sterben und den Tod reden zu können. Das Büchlein und das Gespräch mit den Kindern kann helfen, die Lebenserfahrung „Sterben und Tod“ angstfreier zu erleben.
Zwei Kinder kommen auf dem Weg zum Sportplatz am Friedhof vorbei. Das Mädchen erkennt seine Tante wieder, die an einem offenen Grab steht. Seitdem haben die Kinder Fragen. Sie besuchen Tante Sofia, die ihnen Antworten auf ihre Fragen gibt.

Die kindgerecht erzählte Geschichte beschönigt das Sterben nicht, sondern erwähnt die Gefühle der Tante, die ihren lieben Freund verloren hat („Bist du sehr traurig, daß Simon tot ist, Tante Sofia?" „Ja, ich bin traurig." Tante Sofia nimmt das Foto und wischt zart darüber. „Ich vermisse Simon sehr. Ohne ihn bin ich oft allein.").
Es wird auch nicht die Tatsache verschwiegen, daß ein toter Mensch verwest („Simons Körper ist tot. Das ist wahr. Er liegt auf dem Friedhof und zerfällt und wird zu Erde.").
Das Sterben gehört zum Leben dazu („... Jetzt ist Simon tot. Seine Zeit war gekommen." ... „In meinem Alter kann jeder Geburtstag der letzte sein."). Besonders durch das von Tante Sofia erzählte Märchen wird der Gedanke sichtbar, sich im Leben auf den Tod einzustellen.
Beide Kinder erleben am Schluß das Sterben von Tante Sofia mit. Behutsam wird auf die Gefühlswelt der Kinder eingegangen.
Um mit dem eigenen Sterben angstfreier umgehen zu können, bleibt die Erzählung aber nicht bei diesen Tatsachen stehen. Sie bietet auf zweierlei Weise eine Hoffnung gegen den Tod an. Tante Sofia hält all die Erlebnisse mit ihrem Freund in Erinnerung und damit für sich wach („... Aber was ich mit Simon erlebt habe, bleibt in meinem Herzen lebendig. Alles das, was ich an Simon gern hatte, lebt in mir weiter.").
Der andere tröstliche Gedanke ist ein theologischer: Die Toten sind bei Gott im Leben („... Ich glaube, daß die Verstorbenen bei Gott sind ... Und daß Gott ihnen ein neues Leben gibt.").
Doch das „Wie" bleibt ein „Geheimnis"; leider, denn die Kinder bleiben damit auf die abstrakte Aussage: ‚Die Toten sind bei Gott' verwiesen. Das schöne Bild von der sich verwandelnden Raupe, die das Geheimnis etwas lüften könnte, wird zwar dann noch zur Sprache gebracht. Aber doch zu zurückhaltend, fast so, als ob es theologisch nicht erlaubt sei, zu konkret vom neuen Leben zu reden („Vielleicht ist es wie bei der kleinen grünen Raupe. Sie weiß auch nicht, daß sie in ihrem späteren Leben ein Schmetterling wird. Und doch ist es wahr."). Aber gerade diese Konkretheit brauchen die Kinder, um wirklich angstfreier mit dem Tod umgehen zu können. Sie brauchen phantasiereiche Bilder und Gedanken, die ihnen das neue Leben tröstlich vor die Augen malen.

Inger Hermann, **Du wirst immer bei mir sein.** Ein Bilderbuch mit Illustrationen von Carme Sole Vendrell. Düsseldorf: Patmos Verlag 1999.
Ein besonderes Bilderbuch, weil hier ein Vater stirbt und die Kinder (vor allem Peter, 5 Jahre) seinen Tod verarbeiten müssen. Eine glückliche Familie wird durch den Unfalltod des Vaters auseinandergerissen. Peters geliebter Vater, mit dem ihn eine besondere Beziehung verband; immer

wieder erinnert er sich an den Satz, mit dem der Vater seine Zuneigung ausdrückte: „Ich freu mich über dich!“ Zunächst will Peter die Realität des Todes nicht wahrhaben. Im Laufe der sehr behutsam erzählten Geschichte erfährt er aber, daß die Liebe des Vaters zu ihm und seine eigene Liebe zu seinem Vater auch durch den Tod nicht zerstört werden kann. Ein Buch, das Hoffnung macht, die Realität des möglichen Todes auch bei uns sehr nahestehenden Personen anzunehmen, aber getragen durch die Liebe weiterzuleben und mutig zu seinem eigenen Leben zu finden. Die künstlerischen Bilder dieses Bilderbuches nehmen diesen Gedanken auf und verwandeln Leiden, Abschied und Tod in Farben von Mut, Hoffnung und Liebe.

Anhang:
Lieder für Taufgottesdienste

Gott mag Kinder

Text und Musik: Daniel Kallauch

Klavierbearbeitung: Cornelius Schock

2. Gott hat alles in der Hand,
jedermann, in jedem Land.
Gott schützt alle, das ist klar!
Auch uns Kinder, das ist wahr!

3. Gott hat einen guten Weg
für jeden Menschen, der ihn geht.
Gott führt alle, das ist klar!
Auch uns Kinder, das ist wahr!

Jedes Kind ist anders

Text und Musik: Ute Rink

2. All, die Sebastian kennen, sagen: Der kann rennen!
   Im Sport und Fußballspielen ist er auch ganz groß.
   Tina kann gut dichten, erfindet oft Geschichten,
   ihre Phantasie ist manchmal grenzenlos.
   Refrain: Jedes Kind .

3. Rex, der Hund, ist ganz entzückt, wenn er den Bernd erblickt,
   denn der liebt jedes Tier mit zwei Beinen oder vier.
   Lisa ist oft still, doch sie hat auch viel Gefühl,
   ein Stückchen Schokolade teilt sie gern mit dir.
   Refrain: Jedes Kind …

4. Triffst du heut' ein and'res Kind, dann reich ihm deine Hand,
   denn weil wir verschieden sind, ist das Leben interessant.
   Refrain: Jedes Kind …

Segenslied –
Gottes guter Segen sei mit euch

Text: Rolf Krenzer
Musik: Siegfried Fietz
aus: Gottes guter Segen sei mit euch
(CD/MC/Liedheft)

2. |: Gottes guter Segen sei vor euch! :|
|: Mut, um zu wagen, nicht zu verzagen auf allen Wegen. :|

3. |: Gottes guter Segen über euch! :|
|: Liebe und Treue, immer aufs Neue auf euren Wegen. :|

4. |: Gottes guter Segen sei um euch! :|
|: Heute und morgen seid ihr geborgen auf allen Wegen. :|

5. |: Gottes guter Segen sei in euch! :|
|: Sucht mit dem Herzen, leuchtet wie Kerzen auf allen Wegen. :|

Seht mal meinen Regenschirm

Text und Musik: Margret Birkenfeld

2. Rennt dann jemand ohne Schirm an mir vorbei,
ruf ich: „Unter meinem Schirm ist noch ein Plätzchen frei!“
Dann halt ich den Schirm über unsern Kopf,
und nun kann es regnen tropf, tropf, tropf.

3. Doch den allerschönsten Schirm, den es nur gibt,
den hat unser Vater in dem Himmel, der uns liebt.
Unter seinem Schirm sind wir wohl bewacht,
er ist über uns bei Tag und Nacht.

Himpel und Pimpel

Text und Musik: Detlev Jöcker

aus: Buch, CD und MC „Komm, du kleiner Racker“

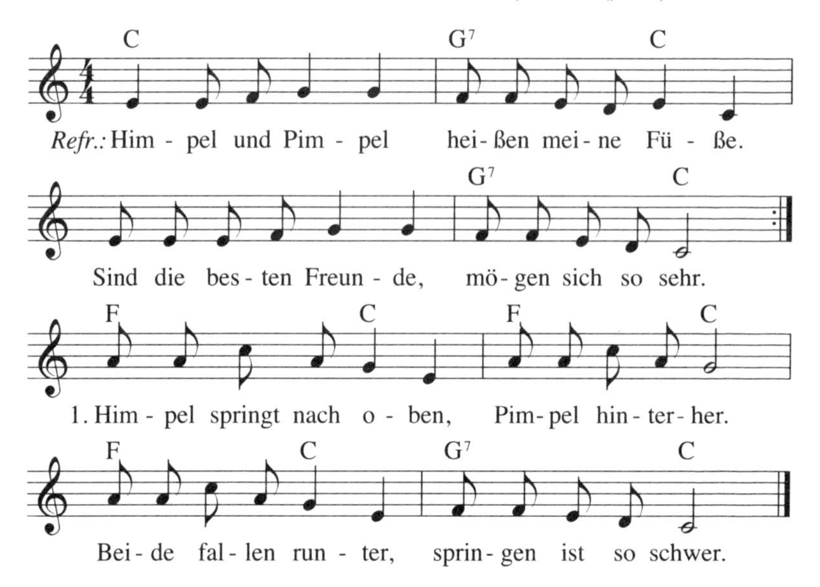

2. Himpel läuft nach rechts hin,
   Pimpel hinterher.
   Beide kommen wieder,
   laufen ist so schwer.
   Refrain: Himpel und Pimpel …

3. Himpel will jetzt tanzen,
   Pimpel hinterher.
   Beide werden müde,
   tanzen ist so schwer.
   Refrain: Himpel und Pimpel …